대규모기업집단
소유지분도

10년

2012 - 2021

1

대규모기업집단
소유지분도

10년

2 0 1 2 - 2 0 2 1

1

김동운 지음

한국학술정보

지은이의 말

이 책은 '대규모기업집단 소유지분도 10년 역사' 안내서이다. '한국의 대규모기업집단·재벌 역사 기초자료 구축 프로젝트'의 세 번째 결과물이다. 이전의 관련 두 저서는 다음과 같다: <한국의 대규모기업집단 30년, 1987-2016> (1·2권, 2019년 2월); <한국재벌과 지주회사체제 20년, 2000-2019> (2020년 6월).

분석 대상은 2012년부터 2021년까지 10년 동안 작성된 97개 대규모기업집단의 625개 소유지분도이다. 83개 사기업집단 지분도가 568개, 14개 공기업집단 지분도가 57개이다. 사기업집단은 2012-2021년의 10년 기간에, 공기업집단은 2012-2016년의 5년 기간에 관련되어 있다. 10년 내내 작성된 42개 사기업집단 지분도가 420개, 나머지 55개 사기업·공기업집단 지분도가 205개이다.

10년 개근한 집단 중에는, 5대 재벌인 삼성, 현대자동차, SK, LG 및 롯데가 있고, 2020년 즈음에 집단 이름이 영어로 변경된 DB, DL 및 HDC가 있으며, 동일인이 법인이면서 상위 순위를 유지한 POSCO, 농협 및 KT 그리고 동일인이 외국계 법인인 S-Oil과 한국GM도 있다. 또, 4-6년 동안 관련된 집단에는 IT재벌인 카카오, 네이버, 넥슨 및 넷마블이 포함되어 있으며, 공기업집단 1·2위인 한국전력공사와 한국토지주택공사도 포함되어 있다.

대규모기업집단의 소유지분도(所有持分圖)는 '기업집단 소속 계열회사들의 소유관계를 갖가지 색깔의 그림으로 설명한 도해(圖解)'이다. 소유하고 소유되는 관계는 화살표로 연결되어 있고, 여기에 소유의 크기를 나타내는 지분율이 표시되어 있다. 1개 집단의 1개 연도 소유 현황이 1개 쪽에 '멋진 그림'으로 일목요연하게 정돈되어 있어 한눈에 쏙 들어온다.

기업집단은 계열회사(系列會社)로 불리는 기업들의 모임이며, 이들을 동일 계열로 묶는 핵심 요소가 소유관계이다. 소유의 정점에는 계열회사들을 실질적으로 지배하는 주체인 동일인(同一人)이 자리 잡고 있는데, 대부분은 자연인 즉 개인이고 일부는 법인이다. 자연인인 동일인은 흔히 오너(owner) 또는 총수로 불리며, 오너가 지배하는 기업집단이 다름 아닌 재벌(財閥)이다. 따라서 동일인을 중심으로 전개되는 특유의 '소유방정식'을 정확하게 파악하는 것은 기업집단·재벌을 제대로 이해하기 위한 필수요건이며, 이 과정에서 지도, 등대 또는 나침반의 역할을 하는 것이 바로 소유지분도이다.

대규모기업집단은 기업집단 중 규모가 큰 집단이다. 한국경제의 중심축을 담당해 오고 있는 주역이며, 그 비중과 영향력이 매우 큰 점 때문에 1987년 대규모기업집단지정제도가 도입되어 공정거래위원회가 이들 집단을 특별히 관리해 오고 있다. 관리 사항 중 중요한 위치를 차지하는 것이 '소유 현황'이다. 소유지배는 경영지배 및 사업지배로 이어져 집단의 운명을 좌우할 수 있기 때문이다. 2004년부터는 보다 다양한 소유구조 정보가 공개되었으며, 이의 연장선상에서 2012년 처음으로 소유지분도가 등장하였다. 이후 2021년까지 10년 동안 매년 지정 집단 수만큼인 57-71개씩, 총 625개의 지분도가 작성되었다.

이 책에서는 연도별·집단별로 작성된 97개 집단의 625개 소유지분도를 집단별·연도별로 재구성하고 분석하면서 '안내 설명'을 덧붙였다. 집단별로 지분도가 시간의 흐름에 따라 어떻게 변해 왔는지 그리고 집단 간에 지분도가 어떤 공통점·차이점을 보이는지를 일목요연하게 파악함으로써 '대규모기업집단 소유지배구조'의 심층적인 연구를 위한 유용한 참고자료가 될 수 있도록 구성하였다. 1권에는 연구의 전반적인 내용과 지분도에 나타난 소유구조의 주요 특징을 정리하였으며, 2·3권에는 625개 지분도 그림 및 안내 설명을 수록하였다.

미진한 부분들을 뒤로 하고 원고를 마무리하고 보니 두려움이 앞선다. 따끔한 지적 그리고 따뜻한 격려를 부탁드린다. 이 종이책에는 아쉽게도 소유지분도가 흑백으로 인쇄되어 있는데, 전자책을 통해 원고에 담은 천연색 지분도가 독자들에게 전달될 수 있기를 기대해 본다. 천연색 원본 지분도는 기업집단포털(www.egroup.go.kr)에서 이용 가능하다. 꼼꼼하고 정성스럽게 책을 만들어 주신 출판사 여러분들께 진심으로 감사드린다.

2022년 5월 10일 화요일
20대 대통령 취임식 날
김 동 운

차례

제5장 97개 기업집단: 집단별 소유구조 · 127

표 차례

제1장
대규모기업집단과 소유지분도: 개관

1. 대규모기업집단과 소유지분도

'백문(百聞)이 불여일견(不如一見)', 'A picture is worth a thousand words'. 두 속담을 직역(直譯)하면 이렇다: 백 번 듣는 것은 한 번 보는 것과 같지 않다, 한 개 그림은 천 개 단어의 가치가 있다. 의미를 풀어보면 다음과 같다: 말로만 듣고 글로만 읽는 것보다는, 말과 글의 내용이 관련된 상황을 몸소 체험하거나 내용의 핵심이 담긴 시각화(視覺化)된 자료를 볼때, 내용이 보다 잘 와닿을 수 있다.

대규모기업집단의 소유지분도(所有持分圖)는 이들 속담 특히 두 번째 속담에 딱 들어맞는 '멋진 그림'이다. 기업집단을 구성하는 회사들의 소유관계를 갖가지 색깔의 그림으로 설명한 도해(圖解)이다. 소유하고 소유되는 관계는 화살표로 연결되어 있고, 여기에 지분 즉 소유의 크기를 나타내는 비율이 표시되어 있다. 1개 집단의 1개 연도 소유 현황이 1개 쪽에 일목요연(一目瞭然)하게 정돈되어 있어 한눈에 쏙 들어온다.

기업집단은 계열회사(系列會社)로 불리는 기업들의 모임이며, 이들을 동일 계열로 묶는 핵심 요소가 '소유관계'이다. 소유의 정점에는 계열회사들을 실질적으로 지배하는 주체인 동일인(同一人)이 자리 잡고 있는데, 대부분은 자연인(自然人; 개인)이고 일부는 법인(法人; 회사 또는 단체)이다. 자연인인 동일인은 흔히 오너(owner; 소유자) 또는 총수(總帥)라고 불리며, 오너가 지배하는 기업집단은 재벌(財閥)로 불린다. 따라서 동일인을 중심으로 전개되는 특유의 '소유방정식'을 정확하게 파악하는 것은 기업집단을 제대로 이해하기 위한 필수 요건이며, 이 과정에서 지도, 등대 또는 나침반의 역할을 하는 것이 바로 소유지분도이다.

대규모기업집단(2017년 9월 이후의 '공시대상기업집단')은 기업집단 중 규모가 큰 집단이다. 한국경제의 중심축을 담당해 오고 있는 주역이며, 그 비중과 영향력이 매우 큰 점 때문에 1987년 대규모기업집단지정제도가 도입되어 공정거래위원회가 이들 집단을 특별히 관리해 오고 있다. 자산총액을 기준으로 2021년까지 35년 동안 매년 상위 30-79개씩의 집단이 지정되었으며, 2002-2016년의 15년 동안에는 사기업집단과 공기업집단이 함께, 나머지 20년 동안에는 사기업집단만 지정되었다 (<표 1.1>).

대규모기업집단에 대한 특별 관리 사항 중 중요한 위치를 차지하는 것이 '소유 현황'이다. 소유지배는 경영지배 및 사업지배로 이어져 집단의 운명을 좌우할 수 있기 때문이다. 2004년부터는 보다 상세한 소유지분구조 정보가 공개되었다.

1) 2003년까지는 회사별로 동일인 및 동일인 관련자(친인척, 임원, 비영리법인, 계열회사) 지분 공개; 2004년에는 ① 친인척을 4개 유형(배우자 및 혈족 1촌, 혈족 2-4촌, 혈족 5-8촌, 인척 4촌 이내)으로 세분화하여 지분 공개, ② 회사 간 출자관계를 매트릭스(출자회사와 피출자회사의 조합으로 된 행렬) 형태로 공개. 2) 투자자 및 이해관계자들에게 소유구조 정보를 투명하게 제공하여 시장참여자의 올바른 판단을 유도함으로써 시장 감시 기능을 강화하는 것이 목적.

이후 2011년까지 8년 동안 다양한 소유 현황 정보들이 발표되었으며, 그 연장선상에서 2012년에 처음으로 '소유지분도'가 등장하였다.

1) 소유지분도 개념: '기업집단 소속 동일인 및 계열회사 간 출자 현황(지분율)을 요약·정리한 도표'. 2) 출자관계 매트릭스는 내용이 방대하여 다소 이해하기 어려웠으며 가독성·활용성을 높이기 위해 출자관계를 한 장의 그림에 일목요연하게 정리한 지분도 작성. 3) 다음 4종류 포함 주요 사항 표기 - ① 동일인 및 계열회사 간 소유지분율(보통주·우선주 포함), ② 동일인 2세 보유 계열회사 주식, ③ 지주회사체제 소속 계열회사, ④ 상장(上場). 4) 주주·채권자 등 시장참여자들이 복잡한 소유지배구조를 일목요연하게 파악할 수 있으며, 이는 대기업집단 스스로 소유구조를 개선하도록 하는 시장압력으로 작용할 것으로 기대.

2012년부터 2021년까지 10년 동안 작성된 대규모기업집단 소유지분도는 총 625개, 관련 집단은 97개이다 (<표 1.1>).

첫째, 매년 작성된 소유지분도는 지정된 집단 수만큼인 57-71개씩이며, 총 625개이다. 사기업집단 지분도는 50-71개씩 568개, 공기업집단 지분도는 10-13개씩 57개이다. 사기업집단은 2012-2021년의 10년 동안, 공기업집단은 2012-2016년의 5년 동안 관련되어 있다.

<표 1.1> 대규모기업집단과 소유지분도, 2012-2021년

(1) 대규모기업집단, 1987-2021년 (개)

연도	사기업집단	공기업집단	합	연도	사기업집단	공기업집단	합
1987	32		32	2005	48	7	55
1988	40		40	2006	52	7	59
1989	43		43	2007	55	7	62
1990	53		53	2008	68	11	79
1991	61		61	2009	40	8	48
1992	78		78	2010	45	8	53
1993	30		30	2011	47	8	55
1994	30		30	2012	52	11	63
1995	30		30	2013	52	10	62
1996	30		30	2014	50	13	63
1997	30		30	2015	50	11	61
1998	30		30	2016	53	12	65
1999	30		30	2017	57		57
2000	30		30	2018	60		60
2001	30		30	2019	59		59
2002	34	9	43	2020	64		64
2003	42	7	49	2021	71		71
2004	45	6	51				

(2) 소유지분도 작성 집단, 2012-2021년: 97개 집단, 625개 지분도 (개)

'연도'별 집단·지분도 수				'지분도 연도 수'별 집단·지분도 수				
연도	사기업 집단 (a)	공기업 집단 (b)	집단·지분도 수 (a+b)	지분도 연도 수	a	b	집단 수 (a+b)	지분도 수
2012	52	11	63	10	42		42	420
2013	52	10	62	9	1		1	9
2014	50	13	63	8	2		2	16
2015	50	11	61	7	2		2	14
2016	53	12	65	6	5		5	30
2017	57		57	5	7	9	16	80
2018	60		60	4	3	1	4	16
2019	59		59	3	2	2	4	12
2020	64		64	2	7		7	14
2021	71		71	1	12	2	14	14
지분도 총수	568	57	625	지분도 총수	-	-	-	625
집단 총수	-	-	-	집단 총수	83	14	97	-

(3) 97개 집단 이름

83개 사기업 집단	42개 집단 (10개 지분도 작성)	교보생명보험, 금호아시아나, 농협*, 대우건설*, 대우조선해양*, 동국제강, 두산, DB, DL, 롯데, 미래에셋, 부영, 삼성, 세아, CJ, 신세계, S-Oil*, SK, HDC, LS, LG, 영풍, OCI, 이랜드, GS, KCC, KT*, KT&G*, 코오롱, 태광, 태영, POSCO*, 하이트진로, 한국GM*, 한국타이어, 한라, 한진, 한화, 현대백화점, 현대자동차, 현대중공업, 효성
	41개 집단 (9-1개 지분도 작성)	금호석유화학, 네이버, 넥슨, 넷마블, 다우키움, 대방건설, 대성, 대한전선, 동양, 동원, 메리츠금융, 반도홀딩스, 삼양, 삼천리, 셀트리온, 아모레퍼시픽, IS지주, IMM인베스트먼트, 애경, SM, STX, HMM*, MDM, 웅진, 유진, 장금상선, 중앙, 중흥건설, 카카오, KG, 코닝정밀소재*, 쿠팡*, 하림, 한국투자금융, 한국항공우주산업*, 한솔, 한진중공업, 현대, 현대해상화재보험, 호반건설, 홈플러스*
14개 공기업 집단	(5-1개 지분도 작성)	부산항만공사, 서울메트로, 서울특별시도시철도공사, SH공사, 인천국제공항공사, 인천도시공사, 한국가스공사, 한국도로공사, 한국석유공사, 한국수자원공사, 한국전력공사, 한국지역난방공사, 한국철도공사, 한국토지주택공사

주: 1) 집단 지정: 1987-2016년 4월, 2017년 5월 또는 9월, 2018-2021년 5월.
　　2) 동일인: [자연인] 70개 사기업집단. [법인] 27개 집단 (13개 사기업집단(*) + 14개 공기업집단).

둘째, 관련 집단은 매년 57-71개씩이며, 총 97개이다. 사기업집단은 10년 동안 50-71개씩 83개, 공기업집단은 5년 동안 10-13개씩 14개이다. 즉, 568개 사기업집단 지분도는 83개 집단의 지분도이며, 57개 공기업집단 지분도는 14개 집단의 지분도이다.

셋째, 각 집단별 소유지분도 수는 10개에서 1개 사이이다. 10년 동안 관련된 사기업집단의 지분도 수는 10-1개, 5년 동안 관련된 공기업집단의 지분도 수는 5-1개이다.

10개 지분도가 작성된 사기업집단은 42개, 지분도 총수는 420개이다. 집단 수 '42개'는 전체 사기업집단 83개 중에서는 절반 이상(51%)이고 전체 사기업·공기업집단 97개 중에서는 2/5 이상(43%)이다. 또, 지분도 수 '420개'는 전체 사기업집단 지분도 568개 중에서는 3/4가량(74%)이고 전체 사기업·공기업집단 지분도 625개 중에서는 2/3 이상(67%)이다.

9-1개 지분도 작성 집단은 각각 1-12개씩이다. 사기업집단 1-12개씩, 공기업집단 1-9개씩이다. 사기업집단 중에서는 1개 지분도 작성 집단이 12개로 가장 많고 그다음이 5개 및 2개 지분도 작성 집단(각각 7개씩), 6개 지분도 작성 집단(5개) 순이다. 공기업집단 중에서는 가장 많은 5개 지분도 작성 집단이 9개이며, 전체 14개 중 2/3가량(64%)을 차지하고 있다.

2. 연구의 범위

2.1 연구의 목적 및 범위

본 연구의 목적은 '한국의 대규모기업집단 소유지분도 10년 역사의 기초자료'를 구축하는 것이다. 연도별·집단별로 공정거래위원회가 작성한 지분도를 집단별·연도별로 재구성하고 '안내 설명'을 덧붙였다. 집단별로 지분도가 시간의 흐름에 따라 어떻게 변해 왔는지 그리고 집단 간에 지분도가 어떤 공통점·차이점을 보이는지를 일목요연하게 파악함으로써 '대규모기업집단 소유지배구조'의 심층적인 연구를 위한 유용한 참고자료가 될 수 있도록 구성하였다.

분석 대상은 2012-2021년의 10년 동안 97개 대규모기업집단과 관련하여 작성된 625개 소유지분도이다. 83개 사기업집단 지분도가 568개, 14개 공기업집단 지분도가 57개이며, 집단별 지분도는 각각 10-1개씩이다.

'소유지분도에 대한 안내'가 주목적이며, 그런 만큼 지분도 정보를 기준으로 분석을 진행하였으며 추가적인 소유구조 자료를 별도로 분석하지는 않았다. 1개 쪽의 지분도에는 다양한 정보가 압축적으로 제시되어져 있는데, 경우에 따라서는 이를 온전하게 파악하는 것이 쉽지만은 않다. 특히, 집단의 계열회사 수가 많고 1개 회사가 지분을 보유하는 다른 회사의 수가 여러 개이며 회사들 간에 순환출자가 형성되어 있는 경우에는 소유구조를 파악하는 것이 더더욱 어려워진다. 따라서 분석 내용에는 잠정적인 내용이 일부 포함되어 있으며 다소의 오류 또한 있을 수 있을 것으로 생각된다.

집단 관련 일반적인 사항에 대해서는 대규모기업집단 지정 등의 공정거래위원회 자료 그리고 사업보고서·감사보고서 등의 금융감독원 전자공시시스템 자료를 주로 활용하였다.

2.2 소유지분도에 담긴 정보

'1개 집단의 1개 연도 소유 현황을 압축적으로 나타내는 1쪽 소유지분도'에 담긴 정보는 '그림에 표시된 정보'와 '그림 밖 여백에 표시된 정보'로 구분된다. 연도별 그리고 집단별로 정보의 내용과 글·그림 표시 방식에 적지 않은 차이가 있다 (<표 1.2>).

<表 1.2> 소유지분도에 담긴 정보

그림에 표시된 정보	집단	1) 순위, 2) 이름
	소유관계	1) 동일인 이름, 2) 계열회사 이름, 3) 화살표 (소유관계), 4) 숫자 (지분율), 5) 기타
그림 밖 여백에 표시된 정보	범례(凡例)	1) 음영은 지주회사 등, 2) ★은 상장회사, 3) 기준 연월일, 4) 발행주식총수 기준, 5) 단위: %, 6) 기타
	주식 소유 현황	동일인 및 특수관계인의 계열회사에 대한 보유 지분
	주주 현황	계열회사 주주 및 보유 지분

2.2.1 그림에 표시된 정보

(1) [집단]

1) 순위: 2012-2016년에는 사기업집단과 공기업집단이 함께 지정되었으며, 순위는 이들 집단 전체 중에서의 순위; 이 책에서는 사기업집단과 공기업집단을 분리하여 각 집단 중에서의 순위를 표시함.

2) 이름: 거의 대부분 한글로 표기; 이 책에서는 일부 한글 이름을 영어로 표기함.

(2) [소유관계]

1) 동일인 이름: 자연인은 타원형으로, 법인은 사각형 또는 타원형으로 표시; 거의 대부분 맨 위쪽에 위치; 한글로 표기된 법인 이름 중 일부를 이 책에서는 영어로 표기함.

2) 계열회사 이름: 거의 대부분 한글로 표기, 사각형으로 표시, 상장회사인 경우 별표 (★) 표시; 이 책에서는 일부 한글 이름을 영어로 표기함.

3) 화살표: 소유관계를 나타내는 기호; 동일인과 회사 사이 또는 회사와 회사 사이에 표시; 시작 부분에 소유하는 주체 위치, 끝 부분에 소유되는 대상 위치; 시작 부분에는 동일인 또는 1개 회사가 관련되고 끝 부분에는 1개 또는 2개 이상 회사가 관련됨.

4) 숫자: 동일인 또는 소유 회사가 다른 회사에 대해 보유하는 지분율 (%); 거의 대부분 소수점 한자리까지 표시, 주로 화살표 끝 부분에 위치.

5) 기타: 일부 집단의 일부 연도에는 추가 정보 포함; (KT) 회사 이름 밑 괄호에 자기주식 비율, (한국항공우주산업) 주식 수.

2.2.2 그림 밖 여백에 표시된 정보

(1) [범례(凡例)] 그림 관련 참고 사항; 괄호에 표시; 연도별·집단별로 항목 수와 표기 방식에 다소 차이가 있음, 2021년 현재 5개 항목.

1) '음영은 지주회사 등': 공정거래법상 지주회사 및 관련 계열회사는 사각형에 색깔을 넣어 음영 처리됨; 다른 표기 5종류 (음영은 지주회사체제; 음영은 지주회사 및 자회사, 손자회사; 음영은 지주회사 체제 내 회사; 음영은 지주사 체제 내의 계열회사; 음영: 지주회사 체제 계열사).

2) '★은 상장회사': 다른 표기 1종류 (★은 상장법인).

3) '기준 연월일(年月日)': 지분도 작성 기준 연월일; 2012-2016년 4월, 2017년 5월 또는 9월, 2018-2021년 5월.

4) '발행주식총수 기준': 지분율(%) 계산할 때 보통주와 우선주 합계를 기준; 다른 표기 6종류 (우선주 포함, 보통주+우선주 기준, 총발행주식수 기준, 총주식수 기준, 발행주식수 기준, 전체주식수 기준); (한화) 일부 연도에 '지분율 보통주 기준' 표시.

5) '단위: %'; {(동일인 또는 회사가 보유하는 다른 회사 주식 수) ÷ (다른 회사 발행주식총수)} x 100; 다른 표기 2종류 (지분율(%), 주식소유율(%)).

6) 기타: 일부 집단의 일부 연도에는 추가 정보 포함, 괄호 또는 여백에 표시.

- (네이버) 연두색 음영은 해외계열사.

- (농협) ♣ 사모투자전문회사.

- (롯데) ◎ 금융보험사.

- (CJ) ( )는 자기주식.

- (IMM인베스트먼트) 약어 (유) 유한회사, (주) 주식회사, (사) 사모투자합자회사; 빨간색 테두리: 자본시장법상 경영참여형 사모투자집합기구 (PEF), 노란색 테두리: 자본시장법상 투자목적회사 (SPC), 점선 테두리: 벤처투자촉진법상 벤처투자조합 (계열회사 아님).

- (태영) 회색 음영은 지주/자/손자회사, 회색 음영은 지주/자/손/증손회사; 회사명 주황음영: 우선주 보유, 회사명 초록음영: 우선주 보유.

- (한국항공우주산업) 파란 글씨: 주식 수(주).

- (효성) ◎ 금융보험사.

(2) [주식 소유 현황] 동일인 및 특수관계인(2세, 친족, 비영리법인·단체, 계열회사, 임원)의 계열회사에 대한 보유 지분; 박스 안에 주주 이름, 계열회사 이름, 지분율 등 표시; 다른 표기 1종류 (지분 현황).

(3) [주주 현황] 주요 계열회사의 주주 및 보유 지분; 박스 안에 주주 이름, 지분율 등 표시; 다른 표기 1종류 (주주).

2.3 분석 내용

책의 2·3권에 수록된 소유지분도 분석 내용은 '지분도 안내 설명'과 '지분도 그림'의 두 부분으로 구성되어 있으며, 안내 설명에는 '요약표'(2종류)와 '지분도 관련 주요 특징'(3개 항목)이 포함되어 있다. 개별 집단별로, 안내 설명 2-5쪽씩, 지분도 그림 1-10쪽씩, 합 3-15 쪽씩이다. 97개 집단 전체로는, 안내 설명 285쪽, 지분도 그림 625쪽, 합 910쪽이다 (<표 1.3>).

책의 1권에서는 연구의 전반적인 내용 그리고 소유지분도에 나타난 97개 집단 소유구조의 주요 특징을 정리하였다.

2.3.1 요약표

(1) [요약표 1] 집단의 연도별 주요 지표 5-6종류.

1) 소유지분도 작성 연도인 '2012-2021년'에는 6개 지표 (동일인, 순위, 계열회사, 자산총액, 매출액, 당기순이익), 지분도 작성 이전 연도인 '1987-2011년'에는 동일인 제외 5개 지표; 집단 순위는 사기업집단 및 공기업집단 각각의 순위.

2) 집단 지정 기준 시점: 1987-2016년 4월, 2017년 5월 또는 9월, 2018-2021년 5월.

(2) [요약표 2] 소유구조; 관련 3개 사항 (주요 주주, 주요 지배 회사, 주요 계열회사).

〈표 1.3〉 소유지분도 분석 내용

요약표	요약표 1	* 집단 지정 기준: 1987-2016년 4월, 2017년 5월 또는 9월, 2018-2021년 5월 * 집단 순위: 사기업집단, 공기업집단 각각의 순위
		집단의 연도별 주요 지표: 지분도 이전 (1987-2011년): 순위, 계열회사, 자산총액, 매출액, 당기순이익 지분도 기간 (2012-2021년): 동일인, 순위, 계열회사, 자산총액, 매출액, 당기순이익
	요약표 2	소유구조: 주요 주주, 주요 지배 회사, 주요 계열회사
소유지분도 관련 주요 특징	그룹	대규모기업집단 지정 연도, 연도 수, 그룹 이름
	소유지분도: 개관	1) 소유지분도 작성 연도, 연도 수
		2) 그룹 주요 지표: 6개 지표 종합 (동일인, 순위, 계열회사, 자산총액, 매출액, 당기순이익)
		3) 소유구조: ◆ 소유구조 요약 ◆ ① 주요 주주 : 명 수, 이름, 지분 ② 주요 지배 회사: 개수, 이름, 기타 ③ 계열회사 : 유형, 주요 회사 (개수, 이름, 계열회사2)
		4) 회사의 변동 사항

	소유지분도: 연도별	연도별 요약: (연도별 요약 합)
		    지분도 작성 연월, 집단 순위, 동일인, 계열회사
		  소유구조: 주요 주주 및 지분 →
		        주요 지배 회사 → 주요 계열회사

연도별 소유지분도	연도별 요약	* 지분도 작성 기준: 2012-2016년 4월, 2017년 5월 또는 9월, 2018-2021년 5월

		개별 연도 요약: 지분도 작성 연월, 집단 순위, 동일인, 계열회사
		    소유구조: 주요 주주 및 지분 →
		          주요 지배 회사 → 주요 계열회사

	지분도 그림	합 [625개] 97개 집단
		책 2권 수록 [326개] 49개 사기업집단 (ㄱ - ㅇ)
		책 3권 수록 [242개] 34개 사기업집단 (ㅈ - ㅎ) [57개] 14개 공기업집단 (ㅂ - ㅎ)

2.3.2 소유지분도 관련 주요 특징

(1) [그룹]

　　1) 집단 관련 3개 기본사항: 대규모기업집단 지정 연도, 연도 수, 그룹 이름 (변경된 경우; 이름 및 관련 연도).

　　2) 그룹 이름: 공정거래위원회 자료에는 몇몇 경우만 제외하고 한글로 표기되어 있으며, 한글 이름 중 일부를 영어로 표기함; 영어 표기는 일반적으로 사용되는 경우이거나 영어로 표기하는 것이 보다 자연스럽다고 판단되는 경우임; 공정거래위원회 자료에서와는 달리, 집단 이름 뒤에 일반적으로 사용되는 '그룹'이라는 용어를 붙임.

(2) [소유지분도: 개관]

1) 소유지분도 작성 연도, 연도 수.

2) 그룹 주요 지표: 소유지분도 작성 연도 관련 6개 지표 종합

　　　　　　　　　(동일인, 순위, 계열회사, 자산총액, 매출액, 당기순이익).

3) 소유구조

◆ 소유구조 요약 ◆　　(3개 사항: 주요 주주, 주요 지배 회사, 계열회사)

① 【주요 주주】 '주요 지배 회사'를 소유하는 주주; 관련 3개 사항 (명 수, 이름, 지분).

　　‖명 수‖ 소유지분도 연도에 관련된 전체 주주 수이며, 1명 또는 2명 이상임; 2명 이상인 경우 매년 몇 명씩 관련되어 있는지 표시; 동일인이 민간단체인 농협의 경우에는 주주 '개수' 표시; 농협 외에 동일인이 법인인 집단의 경우 '주요 주주'는 없음.

　　‖이름‖ 주주의 이름 및 신분 (동일인 여부, 동일인과의 친족 관계); 동일인 신분이 계승되어 2명인 경우, 이름, 친족 관계 및 관련 연도.

　　‖지분‖ 주주 보유 지분; 주주가 2명 이상인 경우 주주별 지분 및 관련 연도.

② 【주요 지배 회사】 집단 계열회사 중 대다수 또는 가장 많은 수를 소유지배하는 상위의 계열회사; 관련 3개 사항 (개수, 이름, 기타).

∥개수∥ 소유지분도 연도에 관련된 전체 회사 수이며, 1개 또는 2개 이상임; 2개 이상인 경우 매년 몇 개 회사가 관련되어 있는지 표시; 동일인이 법인인 경우, 농협을 제외하고, '동일인 = 주요 지배 회사'임.

∥이름∥ 회사 이름, 상장(上場) 여부; 회사가 2개 이상인 경우 회사별 관련 연도.

∥기타∥ 일부 집단에서는 주요 주주의 친족 등이 소유지배하는 주요 계열회사가 있으며, 이를 '제2의 주요 지배 회사'로 간주하고 관련 2개 사항(개수, 이름)을 별도로 표시.

③ 【계열회사】 관련 2개 사항 (유형, 주요 회사 (개수, 이름, 계열회사2)).

∥유형∥ '주요 지배 회사'가 소유지배하는 하위의 계열회사들을 3가지 유형으로 분류함 (ⓐ 자회사, ⓑ 자회사 → 손자회사, ⓒ 자회사 → 손자회사 → 증손회사); 관련 유형은 1개 또는 2개 이상이며, 2개 이상인 경우 관련 연도 표시; 여기서의 자회사·손자회사·증손회사는 공정거래법 기준에 따른 엄밀한 구분이 아니며 출자·피출자 여부 및 정도를 기준으로 한 편의상의 구분임, 증손회사의 하위 계열회사는 제외함.

∥주요 회사∥ '주요 계열회사'를 가리키며, 다음 2가지를 기준으로 임의로 선정함 - ⓐ 상대적으로 보다 빈번하게 다른 계열회사들의 지분을 보유하는 회사, ⓑ 보유 지분이 없는 경우 주요 상장회사 또는 비상장회사; 대부분 주요 계열회사는 자회사임; 관련 3개 사항 (개수, 이름, 계열회사2).

- '개수': 소유지분도 연도에 관련된 전체 회사 수이며 1개 또는 2개 이상임; 2개 이상인 경우 매년 몇 개 회사가 관련되어 있는지 표시.

- '이름': 회사 이름, 상장 여부.

- '계열회사2': 일부 집단에서는 주요 주주의 친족이 소유지배하는 주요 계열회사가 있으며, 이를 '제2의 주요 계열회사'로 간주하고 관련 2개 사항(개수, 이름)을 별도로 표시.

4) 회사의 변동 사항: 주요 지배 회사 및 계열회사의 상호 변경 등.

(3) [소유지분도: 연도별]

연도별 요약: 연도별 요약 내용을 한 곳에 모음.

지분도 작성 연월, 집단 관련 3개 기본사항 (순위, 동일인, 계열회사;
계열회사의 경우, 공정거래위원회 대규모집단 지정 자료 기준이며
지분도의 회사 수와 다를 수 있음).

소유구조: 주요 주주 및 지분 → 주요 지배 회사 → 주요 계열회사.

2.3.3 연도별 소유지분도

(1) [연도별 요약]

개별 연도 요약.

지분도 작성 연월, 집단 관련 3개 기본사항 (순위, 동일인, 계열회사; 계열회사의 경우,
공정거래위원회 대규모집단 지정 자료 기준이며 지분도의 회사 수와 다를 수 있음).

소유구조: 주요 주주 및 지분 → 주요 지배 회사 → 주요 계열회사.

(2) [지분도 그림]

1) 매년 공개된 공정거래위원회 작성 소유지분도를 활용함; 2012-2020년 지분도는 천연
색 원본을 복사 가능한 상태로 가공한 후 선택적으로 복사하여 천연색 상태로 원고 지면에
배치함, 2021년 지분도는 가공이 가능하지 않아 흑백으로 프린트한 후 스캔하여 활용함; 가
공·변형된 지분도는 종이책에는 모두 흑백으로 인쇄되어 있음, 그림의 선명도는 원본 지분
도에 비해 떨어지며 경우에 따라서는 그림의 내용을 파악하는 과정에서 다소의 혼선이 생
길 수도 있음; 원고의 천연색 지분도가 포함된 전자책이 출판된다면 선명도 문제는 상당 부
분 해소될 수 있을 것으로 생각됨; 천연색 원본 지분도는 해당 연도 공정거래위원회
(www.ftc.go.kr) 자료 또는 기업집단포털(www.egroup.go.kr)에서 이용 가능함.

2) 지분도 작성 기준 시점: 2012-2016년 4월, 2017년 5월 또는 9월, 2018-2021년 5월
(대규모집단 지정 시점과 동일).

3) 지분도는 총 625개, 관련 집단은 97개이며, 책의 2권과 3권에 나누어 수록함: [2권]
326개 지분도 (49개 사기업집단); [3권] 242개 지분도 (34개 사기업집단), 57개 지분도 (14
개 공기업집단).

3. 대규모기업집단의 소유구조

3.1 개관

97개 집단의 소유구조는 '주요 주주의 신분 및 구성'을 기준으로 7개 유형으로 분류할 수 있다. 소유지분도의 정보만으로는 집단별·연도별로 소유구조를 파악하기가 쉽지 않은 경우가 적지 않고 1개 집단 내에서는 시기에 따라 소유구조가 변하는 경우가 있지만, 1개 집단의 소유구조는 1개 유형에 속하는 것으로 최대한 판단하였다 (<표 1.4>).

소유구조 7유형 중 5개 유형(I-V)은 동일인이 자연인인 70개 사기업집단과 관련이 있고 1개 유형(VI)은 동일인이 법인인 1개 사기업집단과 관련이 있으며, 이들 6개 유형에서는 '주요 주주'가 '주요 지배 회사'를 소유지배하고 있다. 나머지 1개 유형(VII)의 경우, 동일인이 법인인 26개 집단(12개 사기업집단, 14개 공기업집단)과 관련이 있는데, 동일인인 사기업·공기업이 '주요 지배 회사'이며 동일인을 소유지배하는 '주요 주주'는 알려져 있지 않아 '주요 주주 = 기타'로 분류하였다.

I-V의 5개 유형 중, 2개 유형(I, II)에서는 주요 주주에 동일인 1명이 관련되어 있고, 2개 유형(III, IV)에서는 동일인 2명이 관련되어 있으며, 1개 유형(V)에서는 동일인이 관련되어 있지 않다. '동일인 2명'은 동일인이 변경된 경우이며, 따라서 '유형I과 유형III' 그리고 '유형II와 유형IV'는 각각 유사하거나 동일한 유형으로 볼 수 있다. 97개 집단의 소유구조 중에서는 주요 주주에 동일인이 1명 관련된 2개 유형(I, II) 그리고 주요 주주가 '기타'로 분류된 1개 유형(VII)이 1/3가량씩(26-32개) 차지하고 있다.

각 유형의 소유구조는 다시 '단일소유구조'와 '복합소유구조'로 분류할 수 있다.

1) [단일소유구조] 주요 주주가 주요 지배 회사를 통해 집단 계열회사의 대부분을 소유지배하는 경우이며, '주요 주주 → 주요 지배 회사 → 계열회사'의 구조이다. 주요 주주가 없는 경우에는 '주요 지배 회사 → 계열회사'의 구조를 갖는다.

2) [복합소유구조] 주요 주주가 주요 지배 회사를 통해 대다수의 계열회사를 소유지배하는 가운데 동일인 또는 친족이 계열회사의 일부를 별개로 소유지배하는 경우이며, {(주요 주주 → 주요 지배 회사 → 계열회사) + (동일인 또는 친족 → 계열회사)}의 구조이다.

<표 1.4> 소유구조: 7유형 및 단일·복합소유구조

(1) 소유구조: 7유형 및 단일·복합소유구조 (집단 수, 개)

유형		주요 주주	단일 소유구조	복합 소유구조	합
I		동일인 1명	30	2	32
II		동일인 1명 + 특수관계인	11	16	27
	1	동일인 1명 + 2세	9	2	11
	2	동일인 1명 + 2세 + 친족	1	5	6
	3	동일인 1명 + 2세 + 친족 + 비영리법인		1	1
	4	동일인 1명 + 친족	1	8	9
III		동일인 2명 [1명 → 1명 (2세)]	5		5
IV		동일인 2명 + 특수관계인	1	4	5
	1	동일인 2명 [1명 → 1명 (2세)] + 2세 + 친족		1	1
	2	동일인 2명 [1명 → 1명 (2세)] + 친족		2	2
	3	동일인 2명 [1명 → 1명 (2세)] + 기타		1	1
	4	동일인 2명 [1명 → 1명 (친족)] + 친족	1		1
V		특수관계인		1	1
VI		동일인 1개 법인 [민간단체]	1		1
VII		기타	26		26
	1	(주요 지배 회사 = 동일인 1개 법인 [사기업])	12		12
	2	(주요 지배 회사 = 동일인 1개 법인 [공기업])	14		14
합		I-V / VI-VII	47 / 27	23 / 0	70 / 27
		I-VII	74	23	97

참고	I-V	동일인 = 자연인, 주요 주주 : 70개 사기업집단
	VI	동일인 = 법인, 주요 주주 : 1개 사기업집단
	VII	동일인 = 법인, 주요 지배 회사: 26개 집단 (12개 사기업집단, 14개 공기업집단)
	단일소유구조	주요 주주 → 주요 지배 회사 → 계열회사
	복합소유구조	{주요 주주 → 주요 지배 회사 → 계열회사} + {동일인 또는 친족 → 계열회사}

(2) 집단 이름

유형		단일소유구조	복합소유구조
I		교보생명보험, 네이버, 넥슨, 넷마블, 다우키움, 대한전선, 동국제강, 메리츠금융, 미래에셋, 삼양, CJ, 아모레퍼시픽, IMM인베스트먼트, SM, STX, HDC, 웅진, 유진, 이랜드, 카카오, 코오롱, 하림, 하이트진로, 한국투자금융, 한라, 한솔, 한진중공업, 현대, 현대백화점, 현대중공업	부영, 태광
II	1	동양, 동원, DB, DL, IS지주, 영풍, 중앙, KG, 태영	신세계, 호반건설
	2	금호석유화학	반도홀딩스, 애경, MDM, 중흥건설, 한국타이어
	3		금호아시아나
	4	삼천리	대성, 셀트리온, SK, 장금상선, GS, KCC, 한화, 현대해상화재보험
III		두산, 삼성, LG, 한진, 현대자동차	
IV	1		효성
	2		LS, OCI
	3		롯데
	4	세아	
V			대방건설
VI		농협	
VII	1	대우건설, 대우조선해양, S-Oil, HMM, KT, KT&G, 코닝정밀소재, 쿠팡, POSCO, 한국GM, 한국항공우주산업, 홈플러스	
	2	부산항만공사, 서울메트로, 서울특별시도시철도공사, SH공사, 인천국제공항공사, 인천도시공사, 한국가스공사, 한국도로공사, 한국석유공사, 한국수자원공사, 한국전력공사, 한국지역난방공사, 한국철도공사, 한국토지주택공사	

주: 다음 참고: 제4장 (97개 기업집단: 소유구조의 유형), 제5장 (97개 기업집단: 집단별 소유구조).

주요 주주가 동일인인 3개 유형(I, III, VI) 그리고 주요 주주가 없는 1개 유형(VII)은 거의 전부가 단일소유구조이고, 주요 주주에 특수관계인이 참여하는 3개 유형(II, IV, V)에서는 복합소유구조가 우위를 점하고 있다. 전체 97개 집단 중에서는, 3/4 이상(76%)인 74개 집단(60개 사기업집단, 14개 공기업집단)이 단일소유구조를, 나머지 23개 사기업집단이 복합소유구조를 가지고 있다. 앞의 '60개 사기업집단' 중 47개의 동일인은 자연인이고 13개의 동일인은 법인이며, '14개 공기업집단'의 동일인은 모두 법인이다. 즉 법인이 동일인인 27개 집단은 모두 단일소유구조를 가지고 있다. 이들 27개 집단 중 26개에서는 동일인이 '주요 지배 회사'와 동일하며, '주요 주주 = 기타'로 분류되어 있다.

3.2 소유구조 7유형

3.2.1 [유형 I] 주요 주주 = 동일인 1명

97개 집단의 1/3(33%)에 해당하는 가장 많은 32개 사기업집단이 관련되어 있다. 주요 주주인 동일인 1명의 소유지배 장악력이 가장 큰 유형으로 볼 수 있다. 동일인이 자연인인 70개 사기업집단 중에서는 거의 절반 수준(46%)이다. 30개 집단은 단일소유구조를 가지고 있고 2개 집단만 복합소유구조를 가지고 있다. 단일소유구조 집단 '30개'는 7유형 중에서는 가장 많은 수이며, 단일구조 전체 74개 집단의 2/5 이상(41%)을 차지하고 있다.

단일소유구조를 가지고 있는 30개 집단 중 24개에서는 주요 지배 회사가 1개이며, 네이버, 넥슨, 넷마블, 카카오 등 IT 관련 신생 대규모기업집단들이 여기에 속한다. 나머지 6개 집단(미래에셋, 웅진, 한라, 현대, 현대백화점, 현대중공업)에서는 주요 지배 회사가 총 2개씩이다.

복합소유구조를 가지고 있는 2개 집단은 부영과 태광이다. 두 집단 모두 {(동일인 → 주요 지배 회사 → 계열회사) + (동일인 → 계열회사)}의 2중 구조를 가지고 있다. 즉, 동일인 1명이 계열회사 전부를 소유지배하고 있는데, 많은 계열회사는 주요 지배 회사 1개를 통해 지배하고 나머지 계열회사는 동일인이 직접 지배하고 있다.

3.2.2 [유형 II] 주요 주주 = 동일인 1명 + 특수관계인

97개 집단의 1/3가량(28%)인 27개 사기업집단이 관련되어 있다. 동일인이 자연인인 70개 사기업집단 중에서는 2/5 수준(39%)이다. 11개 집단은 단일소유구조를, 보다 많은 16개 집단은 복합소유구조를 가지고 있다. 복합소유구조 집단 '16개'는 7유형 중에서는 가장 많은 수이며, 복합구조 전체 23개 집단의 2/3 이상(70%)을 차지하고 있다. 주요 주주에 특수관계인인 친족이 포함되어 있는데, 친족 중 일부가 독자적인 계열회사를 소유지배하면서 복합소유구조를 형성하게 되었다. 특수관계인의 유형 및 참여 정도에 따라 4개 하위 유형으로 세분화할 수 있다. 이들 중 3개 유형에서는 동일인 2세가 주요 주주로 참여하고 있다.

(1) 주요 주주 = 동일인 1명 + 2세

11개 사기업집단이 관련되어 있다. 9개 집단은 단일소유구조를, 2개 집단은 복합소유구조를 가지고 있다.

단일소유구조의 9개 집단 중 5개 집단(DB, IS지주, 영풍, 중앙, KG)에서는 동일인의 2세 2명이 그리고 4개 집단(동양, 동원, DL, 태영)에서는 2세 1명이 주요 주주로 참여하였다. 복합소유구조 2개 집단은 신세계와 호반건설이며, 각각 2세 2명이 주요 주주로 참여하여 2중 소유구조를 형성하고 있다. 신세계에서는 동일인과 2세 1명씩 2명이 각각 별개의 주요 지배 회사를 소유하고 있고, 호반건설에서는 동일인과 2세 1명의 2명 그리고 2세 1명이 각각의 주요 지배 회사를 소유하고 있다.

11개 집단 중 7개 집단에서는 주요 지배 회사가 1개이며, 2개 집단(태영, 신세계)에서는 주요 지배 회사가 총 2개씩 그리고 2개 집단(DB, 호반건설)에서는 총 3개씩이다.

(2) 주요 주주 = 동일인 1명 + 2세 + 친족

6개 사기업집단이 관련되어 있으며, 1개 집단은 단일소유구조를, 5개 집단은 복합소유구조를 가지고 있다.

단일소유구조 1개 집단은 금호석유화학이며, 동일인, 2세, 조카 등 총 3명이 주요 주주로 참여하고 있다. 복합소유구조 5개 집단 중에서는, 3개 집단(MDM, 중흥건설, 한국타이어)에서는 2세 2명이, 2개 집단(반도홀딩스, 애경)에서는 2세 1명이 주요 주주이다. 5개 집단의 복합소유구조는 주요 주주의 구도에 따라 2중, 3중, 4중 구조의 3유형으로 나눌 수 있다:

① [2중 소유구조] 반도홀딩스, 애경, 한국타이어 (주요 주주의 구도: 동일인, 2세 1·2명 vs. 친족); ② [3중 소유구조] MDM (동일인 vs. 동일인, 2세 2명 vs. 친족); ③ [4중 소유구조] 중흥건설 (동일인 vs. 2세 1명 vs. 2세 1명 vs. 동일인, 친족).

6개 집단 중 3개(반도홀딩스, 애경, 한국타이어)에서는 주요 지배 회사가 1개이며, 1개 집단(MDM)에서는 주요 지배 회사가 총 2개 그리고 1개 집단(중흥건설)에서는 총 3개이다. 주요 지배 회사는 친족을 제외한 주요 주주 즉 동일인 및 2세가 소유하고 있다.

(3) 주요 주주 = 동일인 1명 + 2세 + 친족 + 비영리법인

1개 사기업집단(금호아시아나)이 해당되며 복합소유구조를 가지고 있다. 주요 주주의 구도는 '동일인, 2세 1명 vs. 친족, 비영리법인'으로 2중 구조를 형성하고 있으며, 주요 지배 회사는 총 3개이고 동일인 및 2세가 소유하고 있다.

(4) 주요 주주 = 동일인 1명 + 친족

9개 사기업집단이 관련되어 있으며, 1개 집단은 단일소유구조를, 대다수인 8개 집단은 복합소유구조를 가지고 있다.

단일구조 1개 집단(삼천리)에서는 동일인과 조카가 주요 주주이다. 복합구조 8개 집단 중에서는 7개에서 주요 주주가 '동일인 vs. 친족' 또는 '동일인 vs. 동일인, 친족'의 구도를 가지면서 2중 구조를 형성하고 있다. 1개 집단(대성)은 독특한 6중 구조를 가지고 있다. 동일인, 형제 2명, 친족 등이 주요 주주로 참여하여, 각각 '동일인 vs. 친족', '형제 1명 vs. 친족', '형제 1명 vs. 동일 형제 1명'의 3중 구도를 가지면서 각각의 구도 안에서 다시 2중 구조를 형성하고 있다.

9개 집단 중 5개(셀트리온, 장금상선, KCC, 한화, 현대해상화재보험)에서는 주요 지배 회사가 1개씩이며, 3개 집단(삼천리, SK, GS)에서는 주요 지배 회사가 총 2개씩 그리고 1개 집단(대성)에서는 총 3개이다. 7개 집단에서는 동일인이 주요 지배 회사를 소유하고 있으며, 2개 집단(대성, SK)에서는 동일인과 친족이 각각의 주요 지배 회사를 소유하고 있다.

3.2.3 [유형 III] 주요 주주 = 동일인 2명 [1명 → 1명 (2세)]

5개 사기업집단이 관련되어 있으며 모두 단일소유구조를 가지고 있다. 동일인 신분이 후 세대로 계승된 경우이며, 동일인은 일정 기간에 1명씩이므로 실질적으로는 '유형 I'(주요 주주 = 동일인 1명)과 동일한 것으로 볼 수 있다. 다만, 소유지배의 주체가 변경된 만큼 2세 동일인의 소유지배 장악력은 '유형 I'에서와는 적지 않은 차이가 있을 것으로 보인다.

3개 집단(두산, 삼성, LG)에서는 주요 지배 회사가 1개씩이고, 1개 집단(현대자동차)에서는 주요 지배 회사가 총 2개 그리고 1개 집단(한진)에서는 총 3개이다.

3.2.4 [유형 IV] 주요 주주 = 동일인 2명 + 특수관계인

5개 사기업집단이 관련되어 있으며, 1개 집단은 단일소유구조를 그리고 4개 집단은 복합소유구조를 가지고 있다. 주요 주주 구성이 '유형 II'(주요 주주 = 동일인 1명 + 특수관계인)와 유사하다. 특수관계인의 유형 및 참여 정도에 따라 4개의 하위 유형으로 세분화할 수 있으며, 이들 중 1개 유형에서는 동일인 신분을 2세가 아닌 친족이 계승하였다.

(1) 주요 주주 = 동일인 2명 [1명 → 1명 (2세)] + 2세 + 친족
1개 사기업집단(효성)이 관련되어 있으며 복합(2중) 소유구조를 가지고 있다. 동일인과 2세 2명이 주요 주주로 참여하고 있으며, 2세 1명이 동일인 신분을 계승하였다. 주요 지배 회사는 1개로 동일인 및 2세가 소유하고 있다.

(2) 주요 주주 = 동일인 2명 [1명 → 1명 (2세)] + 친족
2개 사기업집단이 관련되어 있으며 복합소유구조를 가지고 있다. 1개 집단(LS)에서는 동일인, 2세, 조카, 친족 등이 주요 주주이며, '동일인, 2세, 조카 vs. 동일인, 2세 vs. 친족'의 구도를 가지면서 3중 소유구조를 형성하고 있다. 다른 1개 집단(OCI)은 '동일인, 2세 vs. 친족'의 구도 하에 2중 소유구조를 가지고 있다. 주요 지배 회사는 각각 3개, 2개이며, 2개 집단 모두에서 친족이 1개씩의 주요 지배 회사를 독자적으로 소유하고 있다.

(3) 주요 주주 = 동일인 2명 [1명 → 1명 (2세)] + 기타
1개 사기업집단(롯데)이 관련되어 있으며 복합(2중) 소유구조를 가지고 있다. 주요 지배 회사는 2개이며, 이 중 1개(호텔롯데)의 주요 주주는 일본 롯데그룹 계열회사인 것으로 알려져 있지만 소유지분도에는 관련 정보가 포함되어 있지 않아 편의상 '기타'로 분류하였다.

롯데그룹의 소유관계는 유난히 복잡하여 소유지분도 정보만으로는 소유구조의 내용을 파악하기가 가능하지 않다. 2012-2017년에는 더더욱 그렇고, 지주회사체제가 도입된 2018년 이후에도 파악의 어려움은 여전히 남아 있다. 책에서는 지주회사 롯데지주(이전 롯데제과)를 기준으로 소유구조를 잠정적으로 논의하였다.

(4) 주요 주주 = 동일인 2명 [1명 → 1명 (친족)] + 친족

1개 사기업집단(세아)이 관련되어 있으며 단일소유구조를 가지고 있다. 동일인, 동일인 신분을 계승한 형제, 새 동일인의 2세 등 총 3명이 주요 주주로 참여하고 있고, 주요 지배 회사는 2개이다.

3.2.5 [유형 V] 주요 주주 = 특수관계인

1개 사기업집단(대방건설)이 관련되어 있다. 동일인은 주요 주주가 아니며, 2세 2명이 주요 주주로서 각각 1개씩의 주요 지배 회사를 소유하면서 2중의 복합소유구조를 형성하고 있다.

3.2.6 [유형 VI] 주요 주주 = 동일인 1개 법인 [민간단체]

1개 사기업집단(농협)이 관련되어 있으며 단일소유구조를 가지고 있다. 동일인은 민간단체(농협중앙회)이며 주요 지배 회사 2개를 소유하고 있다.

3.2.7 [유형 VII] 주요 주주 = 기타

26개 집단이 관련되어 있다. 12개는 사기업집단이고 14개는 공기업집단이다. 동일인인 1개 법인이 '주요 지배 회사'로서 계열회사를 소유하고 있으며, 이 법인을 소유하는 '주요 주주'는 소유지분도 정보에 포함되어 있지 않아 편의상 '기타'로 분류하였다. 모두 '동일인 겸 주요 지배 회사 → 계열회사'의 단일소유구조를 가지고 있다. 동일인이 사기업인지 공기업인지에 따라 2개 하위 유형으로 나눌 수 있다.

(1) 주요 지배 회사 = 동일인 1개 법인 [사기업]

12개 사기업집단이 관련되어 있다. 11개 집단에서는 집단 이름과 동일인 이름이 똑같으며, 1개 집단에서만 두 이름이 다르다 (코닝정밀소재 vs. 삼성코닝정밀소재). 1개 집단(한국 GM)의 경우, 동일인이 지분을 보유하지 않은 상태에서 계열회사들에 대해 실질적인 지배력을 행사하고 있다.

(2) 주요 지배 회사 = 동일인 1개 법인 [공기업]

14개 공기업집단이 관련되어 있으며, 14개 집단 모두에서 집단 이름과 동일인 이름이 동일하다.

제2장

97개 기업집단: 이름 및 소유지분도 연도

1. 97개 기업집단의 이름

1.1 집단 이름: '가나다' 순

(1) 83개 사기업집단, 2012-2021년

ㄱ	교보생명보험	금호석유화학	금호아시아나	
ㄴ	네이버	넥슨	넷마블	농협
ㄷ	다우키움	대방건설	대성	대우건설
	대우조선해양	대한전선	동국제강	동양
	동원	두산	DB	DL
ㄹ	롯데			
ㅁ	메리츠금융	미래에셋		
ㅂ	반도홀딩스	부영		
ㅅ	삼성	삼양	삼천리	세아
	셀트리온	CJ	신세계	
ㅇ	아모레퍼시픽	IS지주	IMM인베스트먼트	애경
	SM	S-Oil	SK	STX
	HDC	HMM	LS	LG
	MDM	영풍	OCI	웅진
	유진	이랜드		
ㅈ	장금상선	중앙	중흥건설	GS
ㅋ	카카오	KCC	KG	KT
	KT&G	코닝정밀소재	코오롱	쿠팡
ㅌ	태광	태영		
ㅍ	POSCO			
ㅎ	하림	하이트진로	한국GM	한국타이어
	한국투자금융	한국항공우주산업	한라	한솔
	한진	한진중공업	한화	현대
	현대백화점	현대자동차	현대중공업	현대해상화재보험
	호반건설	홈플러스	효성	

(2) 14개 공기업집단, 2012-2016년

ㅂ	부산항만공사			
ㅅ	서울메트로	서울특별시 도시철도공사		
ㅇ	SH공사	인천국제공항공사	인천도시공사	
ㅎ	한국가스공사	한국도로공사	한국석유공사	한국수자원공사
	한국전력공사	한국지역난방공사	한국철도공사	한국토지주택공사

주: 1) 2012-2016년 4월, 2017년 5월 또는 9월, 2018-2021년 5월 지정.
　　2) 사기업집단 19개와 공기업집단 1개는 이름이 변경됨 ('1.3 이름이 변경된 20개 집단' 참고).

1.2 집단 이름: '소유지분도 연도 수' 순

(1) 83개 사기업집단, 2012-2021년

소유지분도 연도 수 (년)	집단 (개)	집단		
10	42	교보생명보험	금호아시아나	농협
		대우건설	대우조선해양	동국제강
		두산	DB	DL
		롯데	미래에셋	부영
		삼성	세아	CJ
		신세계	S-Oil	SK
		HDC	LS	LG
		영풍	OCI	이랜드
		GS	KCC	KT
		KT&G	코오롱	태광
		태영	POSCO	하이트진로
		한국GM	한국타이어	한라
		한진	한화	현대백화점
		현대자동차	현대중공업	효성

소유지분도 연도 수 (년)	집단 (개)	집단		
9	1	아모레퍼시픽		
8	2	삼천리	한국투자금융	
7	2	중흥건설	한진중공업	
6	5	금호석유화학	셀트리온	카카오
		하림	한솔	
5	7	네이버	넥슨	동원
		SM	유진	현대
		호반건설		
4	3	넷마블	대성	홈플러스
3	2	다우키움	애경	
2	7	동양	삼양	IMM인베스트먼트
		STX	HMM	웅진
		장금상선		
1	12	대방건설	대한전선	메리츠금융
		반도홀딩스	IS지주	MDM
		중앙	KG	코닝정밀소재
		쿠팡	한국항공우주산업	현대해상화재보험

(2) 14개 공기업집단, 2012-2016년

5	9	부산항만공사	서울특별시 도시철도공사	인천도시공사
		한국가스공사	한국도로공사	한국수자원공사
		한국전력공사	한국철도공사	한국토지주택공사
4	1	한국석유공사		
3	2	서울메트로	인천국제공항공사	
1	2	SH공사	한국지역난방공사	

주: 1) 2012-2016년 4월, 2017년 5월 또는 9월, 2018-2021년 5월 지정.
    2) 사기업집단 19개와 공기업집단 1개는 이름이 변경됨 ('1.3 이름이 변경된 20개 집단' 참고).

1.3 이름이 변경된 20개 집단

(1) 19개 사기업집단, 1987-2021년

집단	이름	연도	이름	연도
금호아시아나	금호	1987-2003	금호아시아나	2004-21
대성	대성산업	1990-92	대성	2002-08, 2011-15
DB	동부	1987-2017	DB	2018-21
DL	대림	1987-2020	DL	2021
삼양	삼양사	1989-92	삼양	1999, 2004-08 2020-21
CJ	제일제당	1999-2002	CJ	2003-21
아모레퍼시픽	태평양화학	1988-92	아모레퍼시픽	2013-21
	태평양	2007-08		
SK	선경	1987-97	SK	1998-2021
HDC	현대산업개발	2000-18	HDC	2019-21
LS	LG전선	2004	LS	2005-21
LG	럭키금성	1987-94	LG	1995-2021
OCI	동양화학	1990-92, 2001-08	OCI	2009-21
중앙	중앙일보	2006	중앙	2021
태광	태광산업	1988-92, 2001-08	태광	2011-21
POSCO	포항제철	1989, 2001-02	POSCO	2003-21
하이트진로	조선맥주	1992	하이트진로	2011-21
	하이트맥주	2003-08, 2010		
한국GM	GM대우	2004-10	한국GM	2011-21
한화	한국화약	1987-92	한화	1993-2021
홈플러스	삼성테스코	2008-10	홈플러스	2011-15

(2) 1개 공기업집단, 2010-2016년

인천도시공사	인천광역시 도시개발공사	2010	인천도시공사	2012-16

2. 97개 기업집단의 소유지분도 연도

2.1 소유지분도 연도: 집단 이름 '가나다' 순

(1) 83개 사기업집단, 2012-2021년

집단	소유지분도 (년)		대규모기업집단 지정 (년)	
	연도	연도 수	연도	연도 수
교보생명보험	2012-21	10	2007-08, 2012-21	12
금호석유화학	2016-21	6	2016-21	6
금호아시아나	2012-21	10	1987-2021	35
네이버	2017-21	5	2017-21	5
넥슨	2017-21	5	2017-21	5
넷마블	2018-21	4	2018-21	4
농협	2012-21	10	2008, 2012-21	11
다우키움	2019-21	3	2019-21	3
대방건설	2021	1	2021	1
대성	2012-15	4	1990-92, 2002-08 2011-15	15
대우건설	2012-21	10	2004-06, 2011-21	14
대우조선해양	2012-21	10	2003-21	19
대한전선	2012	1	1992, 2003-12	11
동국제강	2012-21	10	1987-2021	35
동양	2012-13	2	1989-2013	25
동원	2017-21	5	1990-92, 2002-04 2017-21	11
두산	2012-21	10	1987-2021	35
DB	2012-21	10	1987-2021	35
DL	2012-21	10	1987-2021	35
롯데	2012-21	10	1987-2021	35
메리츠금융	2018	1	2018	1
미래에셋	2012-21	10	2008, 2010-21	13

집단	소유지분도 (년)		대규모기업집단 지정 (년)	
	연도	연도 수	연도	연도 수
반도홀딩스	2021	1	2021	1
부영	2012-21	10	2002-08, 2010-21	19
삼성	2012-21	10	1987-2021	35
삼양	2020-21	2	1989-92, 1999 2004-08, 2020-21	12
삼천리	2014-21	8	1992, 2014-21	9
세아	2012-21	10	2004-21	18
셀트리온	2016-21	6	2016-21	6
CJ	2012-21	10	1999-2021	23
신세계	2012-21	10	2000-21	22
아모레퍼시픽	2013-21	9	1988-92, 2007-08 2013-21	16
IS지주	2021	1	2021	1
IMM인베스트먼트	2020-21	2	2020-21	2
애경	2019-21	3	2008, 2019-21	4
SM	2017-21	5	2017-21	5
S−Oil	2012-21	10	2000, 2009-21	14
SK	2012-21	10	1987-2021	35
STX	2012-13	2	2005-13	9
HDC	2012-21	10	2000-21	22
HMM	2020-21	2	2020-21	2
LS	2012-21	10	2004-21	18
LG	2012-21	10	1987-2021	35
MDM	2021	1	2021	1
영풍	2012-21	10	1990-92, 2000-08 2010-21	24
OCI	2012-21	10	1990-92, 2001-21	24
웅진	2012-13	2	2008-13	6
유진	2012, 2018-21	5	2008, 2011-12 2018-21	7
이랜드	2012-21	10	2005-08, 2012-21	14

집단	소유지분도 (년)		대규모기업집단 지정 (년)	
	연도	연도 수	연도	연도 수
장금상선	2020-21	2	2020-21	2
중앙	2021	1	2006, 2021	2
중흥건설	2015-21	7	2015-21	7
GS	2012-21	10	2005-21	17
카카오	2016-21	6	2016-21	6
KCC	2012-21	10	2002-21	20
KG	2020	1	2020	1
KT	2012-21	10	2003-21	19
KT&G	2012-21	10	2003-21	19
코닝정밀소재	2014	1	2014	1
코오롱	2012-21	10	1987-2021	35
쿠팡	2021	1	2021	1
태광	2012-21	10	1988-92, 2001-08 2011-21	24
태영	2012-21	10	1992, 2006-08 2012-21	14
POSCO	2012-21	10	1989, 2001-21	22
하림	2016-21	6	2016-21	6
하이트진로	2012-21	10	1992, 2003-08 2010-21	19
한국GM	2012-21	10	2004-21	18
한국타이어	2012-21	10	1992, 2002-08 2012-21	18
한국투자금융	2012-13, 2016-21	8	2009-13, 2016-21	11
한국항공우주산업	2021	1	2021	1
한라	2012-21	10	1987-99, 2008 2012-21	24
한솔	2013-18	6	1996-2008, 2013-18	19
한진	2012-21	10	1987-2021	35
한진중공업	2012-18	7	2006-18	13

집단	소유지분도 (년)		대규모기업집단 지정 (년)	
	연도	연도 수	연도	연도 수
한화	2012-21	10	1987-2021	35
현대	2012-16	5	1987-2016	30
현대백화점	2012-21	10	2001-21	21
현대자동차	2012-21	10	2001-21	21
현대중공업	2012-21	10	2002-21	20
현대해상화재보험	2021	1	2021	1
호반건설	2017-21	5	2017-21	5
홈플러스	2012-15	4	2008-15	8
효성	2012-21	10	1987-2021	35

(2) 14개 공기업집단, 2012-2016년

집단	소유지분도 연도	소유지분도 연도 수	대규모기업집단 지정 연도	대규모기업집단 지정 연도 수
부산항만공사	2012-16	5	2008, 2012-16	6
서울메트로	2014-16	3	2014-16	3
서울특별시 도시철도공사	2012-16	5	2010-16	7
SH공사	2016	1	2016	1
인천국제공항공사	2012-14	3	2010-14	5
인천도시공사	2012-16	5	2010, 2012-16	6
한국가스공사	2012-16	5	2002-16	15
한국도로공사	2012-16	5	2002-16	15
한국석유공사	2012, 2014-16	4	2009, 2011-12 2014-16	6
한국수자원공사	2012-16	5	2002-03, 2012-16	7
한국전력공사	2012-16	5	2002-16	15
한국지역난방공사	2014	1	2008, 2014	2
한국철도공사	2012-16	5	2005-16	12
한국토지주택공사	2012-16	5	2010-16	7

2.2 소유지분도 연도: '소유지분도 연도 수' 순

(1) 83개 사기업집단, 2012-2021년

소유 지분도 연도 수 (년)	집단 (개)	집단	소유지분도 연도 (년)	대규모기업집단 지정 (년)	
				연도 수	연도
10	42	교보생명보험	2012-21	12	2007-08, 2012-21
		금호아시아나	2012-21	35	1987-2021
		농협	2012-21	11	2008, 2012-21
		대우건설	2012-21	14	2004-06, 2011-21
		대우조선해양	2012-21	19	2003-21
		동국제강	2012-21	35	1987-2021
		두산	2012-21	35	1987-2021
		DB	2012-21	35	1987-2021
		DL	2012-21	35	1987-2021
		롯데	2012-21	35	1987-2021
		미래에셋	2012-21	13	2008, 2010-21
		부영	2012-21	19	2002-08, 2010-21
		삼성	2012-21	35	1987-2021
		세아	2012-21	18	2004-21
		CJ	2012-21	23	1999-2021
		신세계	2012-21	22	2000-21
		S-Oil	2012-21	14	2000, 2009-21
		SK	2012-21	35	1987-2021
		HDC	2012-21	22	2000-21
		LS	2012-21	18	2004-21
		LG	2012-21	35	1987-2021
		영풍	2012-21	24	1990-92, 2000-08 2010-21
		OCI	2012-21	24	1990-92, 2001-21
		이랜드	2012-21	14	2005-08, 2012-21

소유 지분도 연도 수 (년)	집단 (개)	집단	소유지분도 연도 (년)	대규모기업집단 지정 (년)	
				연도 수	연도
(10)	(42)	GS	2012-21	17	2005-21
		KCC	2012-21	20	2002-21
		KT	2012-21	19	2003-21
		KT&G	2012-21	19	2003-21
		코오롱	2012-21	35	1987-2021
		태광	2012-21	24	1988-92, 2001-08 2011-21
		태영	2012-21	14	1992, 2006-08 2012-21
		POSCO	2012-21	22	1989, 2001-21
		하이트진로	2012-21	19	1992, 2003-08 2010-21
		한국GM	2012-21	18	2004-21
		한국타이어	2012-21	18	1992, 2002-08 2012-21
		한라	2012-21	24	1987-99, 2008 2012-21
		한진	2012-21	35	1987-2021
		한화	2012-21	35	1987-2021
		현대백화점	2012-21	21	2001-21
		현대자동차	2012-21	21	2001-21
		현대중공업	2012-21	20	2002-21
		효성	2012-21	35	1987-2021
9	1	아모레퍼시픽	2013-21	16	1988-92, 2007-08 2013-21
8	2	삼천리	2014-21	9	1992, 2014-21
		한국투자금융	2012-13, 2016-21	11	2009-13, 2016-21
7	2	중흥건설	2015-21	7	2015-21
		한진중공업	2012-18	13	2006-18

소유 지분도 연도 수 (년)	집단 (개)	집단	소유지분도 연도 (년)	대규모기업집단 지정 (년)	
				연도 수	연도
6	5	금호석유화학	2016-21	6	2016-21
		셀트리온	2016-21	6	2016-21
		카카오	2016-21	6	2016-21
		하림	2016-21	6	2016-21
		한솔	2013-18	19	1996-2008, 2013-18
5	7	네이버	2017-21	5	2017-21
		넥슨	2017-21	5	2017-21
		동원	2017-21	11	1990-92, 2002-04 2017-21
		SM	2017-21	5	2017-21
		유진	2012, 2018-21	7	2008, 2011-12 2018-21
		현대	2012-16	30	1987-2016
		호반건설	2017-21	5	2017-21
4	3	넷마블	2018-21	4	2018-21
		대성	2012-15	15	1990-92, 2002-08 2011-15
		홈플러스	2012-15	8	2008-15
3	2	다우키움	2019-21	3	2019-21
		애경	2019-21	4	2008, 2019-21
2	7	동양	2012-13	25	1989-2013
		삼양	2020-21	12	1989-92, 1999 2004-08, 2020-21
		IMM인베스트먼트	2020-21	2	2020-21
		STX	2012-13	9	2005-13
		HMM	2020-21	2	2020-21
		웅진	2012-13	6	2008-13
		장금상선	2020-21	2	2020-21

소유 지분도 연도 수 (년)	집단 (개)	집단	소유지분도 연도 (년)	대규모기업집단 지정 (년)	
				연도 수	연도
1	12	대방건설	2021	1	2021
		대한전선	2012	11	1992, 2003-12
		메리츠금융	2018	1	2018
		반도홀딩스	2021	1	2021
		IS지주	2021	1	2021
		MDM	2021	1	2021
		중앙	2021	2	2006, 2021
		KG	2020	1	2020
		코닝정밀소재	2014	1	2014
		쿠팡	2021	1	2021
		한국항공우주산업	2021	1	2021
		현대해상화재보험	2021	1	2021

(2) 14개 공기업집단, 2012-2016년

소유 지분도 연도 수 (년)	집단 (개)	집단	소유지분도 연도 (년)	연도 수	연도
5	9	부산항만공사	2012-16	6	2008, 2012-16
		서울특별시도시철도공사	2012-16	7	2010-16
		인천도시공사	2012-16	6	2010, 2012-16
		한국가스공사	2012-16	15	2002-16
		한국도로공사	2012-16	15	2002-16
		한국수자원공사	2012-16	7	2002-03, 2012-16
		한국전력공사	2012-16	15	2002-16
		한국철도공사	2012-16	12	2005-16
		한국토지주택공사	2012-16	7	2010-16
4	1	한국석유공사	2012, 2014-16	6	2009, 2011-12 2014-16
3	2	서울메트로	2014-16	3	2014-16
		인천국제공항공사	2012-14	5	2010-14
1	2	SH공사	2016	1	2016
		한국지역난방공사	2014	2	2008, 2014

제3장

97개 기업집단: 연도별 · 집단별 현황

1. 연도별 현황: 순위 · 계열회사, 2012-2021년

1.1 사기업집단, 2012-2021년

(1) 2012-2014년 [A: 계열회사 (개)]

순위	2012년	A	2013년	A	2014년	A
1	삼성	81	삼성	76	삼성	74
2	현대자동차	56	현대자동차	57	현대자동차	57
3	SK	94	SK	81	SK	80
4	LG	63	LG	61	LG	61
5	롯데	79	롯데	77	롯데	74
6	POSCO	70	POSCO	52	POSCO	46
7	현대중공업	24	현대중공업	26	현대중공업	26
8	GS	73	GS	79	GS	80
9	한진	45	농협	34	농협	32
10	한화	53	한진	45	한진	48
11	KT	50	한화	49	한화	51
12	두산	24	KT	54	KT	57
13	STX	26	두산	25	두산	22
14	CJ	84	STX	21	신세계	29
15	LS	50	CJ	82	CJ	73
16	금호아시아나	25	신세계	27	LS	51
17	신세계	19	LS	49	대우조선해양	19
18	대우조선해양	19	동부	61	금호아시아나	26
19	동부	56	금호아시아나	24	동부	64
20	대림	17	대우조선해양	20	대림	22
21	현대	20	대림	19	부영	14
22	S-Oil	2	현대	20	현대	20
23	부영	17	부영	16	OCI	26
24	OCI	19	S-Oil	2	S-Oil	2
25	효성	45	OCI	22	현대백화점	35

순위	2012년	A	2013년	A	2014년	A
26	대우건설	15	현대백화점	35	효성	44
27	동국제강	16	효성	48	대우건설	16
28	현대백화점	35	대우건설	16	동국제강	16
29	한국GM	3	한국GM	3	영풍	22
30	코오롱	40	동국제강	15	미래에셋	30
31	웅진	29	영풍	23	코오롱	37
32	KCC	9	코오롱	38	한국GM	3
33	영풍	23	한진중공업	9	한진중공업	10
34	농협	41	미래에셋	28	KCC	9
35	미래에셋	30	KCC	9	한라	21
36	한진중공업	8	홈플러스	3	홈플러스	3
37	동양	34	대성	83	KT&G	11
38	홈플러스	3	KT&G	11	한국타이어	16
39	현대산업개발	15	동양	30	태광	34
40	KT&G	13	한라	23	대성	76
41	대성	85	현대산업개발	15	현대산업개발	15
42	세아	24	세아	23	교보생명보험	13
43	태광	44	태광	44	코닝정밀소재	2
44	하이트진로	15	교보생명보험	12	세아	22
45	한라	23	한국투자금융	13	이랜드	24
46	교보생명보험	13	한국타이어	16	태영	42
47	한국투자금융	15	하이트진로	14	하이트진로	12
48	태영	40	태영	40	아모레퍼시픽	10
49	대한전선	24	웅진	25	삼천리	14
50	한국타이어	15	이랜드	27	한솔	20
51	이랜드	30	한솔	22		
52	유진	28	아모레퍼시픽	10		

주: 1) 2012–2016년 4월, 2017년 5월 또는 9월, 2018–2021년 5월 지정.
　　2) 2012–2016년: 공기업집단도 대규모기업집단으로 지정됨. 공기업집단을 제외한 순위임.

(2) 2015-2017년 [A: 계열회사 (개)]

순위	2015년	A	2016년	A	2017년	A
1	삼성	67	삼성	59	삼성	62
2	현대자동차	51	현대자동차	51	현대자동차	53
3	SK	82	SK	86	SK	96
4	LG	63	LG	67	LG	68
5	롯데	80	롯데	93	롯데	90
6	POSCO	51	POSCO	45	POSCO	38
7	GS	79	GS	69	GS	69
8	현대중공업	27	한화	57	한화	61
9	농협	39	현대중공업	26	현대중공업	29
10	한진	46	농협	45	농협	81
11	한화	52	한진	38	신세계	37
12	KT	50	두산	25	KT	38
13	두산	22	KT	40	두산	26
14	신세계	29	신세계	34	한진	34
15	CJ	65	CJ	62	CJ	70
16	LS	48	부영	18	부영	22
17	대우조선해양	18	LS	45	LS	45
18	금호아시아나	26	대우조선해양	14	대림	26
19	대림	24	대림	28	금호아시아나	28
20	부영	15	금호아시아나	24	대우조선해양	14
21	동부	53	현대백화점	35	미래에셋	41
22	현대	20	현대	21	S-Oil	2
23	현대백화점	32	OCI	22	현대백화점	29
24	OCI	26	효성	45	OCI	22
25	효성	45	미래에셋	28	효성	46
26	대우건설	13	S-Oil	2	영풍	23
27	S-Oil	2	대우건설	16	KT&G	9
28	영풍	22	영풍	23	한국투자금융	28
29	KCC	9	하림	58	대우건설	14
30	미래에셋	31	KCC	7	하림	58

순위	2015년	A	2016년	A	2017년	A
31	동국제강	14	KT&G	10	KCC	7
32	코오롱	43	한국타이어	14	코오롱	40
33	한진중공업	9	코오롱	43	한국타이어	17
34	한라	23	교보생명보험	13	교보생명보험	14
35	한국타이어	16	한국투자금융	24	중흥건설	62
36	KT&G	10	동부	25	동부	23
37	한국GM	2	한라	22	동원	30
38	홈플러스	4	동국제강	15	한라	19
39	교보생명보험	13	한진중공업	9	세아	21
40	태광	32	세아	22	태영	47
41	세아	21	중흥건설	49	한국GM	2
42	현대산업개발	16	이랜드	29	이랜드	29
43	이랜드	25	한국GM	2	아모레퍼시픽	12
44	태영	44	태광	26	태광	26
45	삼천리	15	태영	43	동국제강	9
46	아모레퍼시픽	12	아모레퍼시픽	12	SM	61
47	대성	73	현대산업개발	17	호반건설	48
48	하이트진로	12	셀트리온	8	현대산업개발	19
49	중흥건설	43	하이트진로	13	셀트리온	11
50	한솔	21	삼천리	16	카카오	63
51			한솔	20	네이버	71
52			금호석유화학	10	한진중공업	8
53			카카오	45	삼천리	17
54					금호석유화학	11
55					하이트진로	12
56					넥슨	22
57					한솔	20

(3) 2018-2020년 [A: 계열회사 (개)]

순위	2018년	A	2019년	A	2020년	A
1	삼성	62	삼성	62	삼성	59
2	현대자동차	56	현대자동차	53	현대자동차	54
3	SK	101	SK	111	SK	125
4	LG	70	LG	75	LG	70
5	롯데	107	롯데	95	롯데	86
6	POSCO	40	POSCO	35	POSCO	35
7	GS	71	한화	75	한화	86
8	한화	76	GS	64	GS	69
9	농협	49	농협	44	현대중공업	30
10	현대중공업	28	현대중공업	31	농협	58
11	신세계	39	신세계	40	신세계	41
12	KT	36	KT	43	KT	44
13	두산	26	한진	32	CJ	77
14	한진	28	CJ	75	한진	31
15	CJ	80	두산	23	두산	25
16	부영	24	부영	24	LS	54
17	LS	48	LS	53	부영	23
18	대림	27	대림	26	대림	32
19	S-Oil	3	미래에셋	38	미래에셋	38
20	미래에셋	38	S-Oil	3	금호아시아나	27
21	현대백화점	28	현대백화점	28	S-Oil	3
22	영풍	24	효성	57	현대백화점	25
23	대우조선해양	5	한국투자금융	30	카카오	97
24	한국투자금융	30	대우조선해양	5	한국투자금융	28
25	금호아시아나	26	영풍	24	교보생명보험	13
26	효성	52	하림	53	효성	54
27	OCI	21	교보생명보험	14	하림	52
28	KT&G	9	금호아시아나	27	영풍	26
29	KCC	17	KT&G	11	대우조선해양	5
30	교보생명보험	14	코오롱	41	KT&G	10

순위	2018년	A	2019년	A	2020년	A
31	코오롱	39	OCI	19	HDC	27
32	하림	58	카카오	71	KCC	16
33	대우건설	15	HDC	24	코오롱	37
34	중흥건설	61	KCC	15	대우건설	16
35	한국타이어	17	SM	65	OCI	18
36	태광	25	대우건설	14	이랜드	31
37	SM	65	중흥건설	34	태영	61
38	셀트리온	9	한국타이어	25	SM	53
39	카카오	72	세아	24	DB	20
40	세아	21	태광	23	세아	29
41	한라	19	이랜드	29	네이버	43
42	이랜드	30	셀트리온	10	넥슨	18
43	DB	20	DB	20	한국타이어	24
44	호반건설	42	호반건설	33	호반건설	36
45	동원	22	네이버	42	셀트리온	9
46	현대산업개발	23	태영	53	중흥건설	35
47	태영	48	넥슨	21	넷마블	25
48	아모레퍼시픽	12	동원	24	아모레퍼시픽	15
49	네이버	45	한라	15	태광	19
50	동국제강	10	아모레퍼시픽	13	동원	25
51	메리츠금융	8	삼천리	20	한라	14
52	넥슨	22	한국GM	3	삼천리	27
53	삼천리	17	동국제강	12	HMM	4
54	한국GM	2	유진	54	장금상선	17
55	금호석유화학	11	금호석유화학	11	IMM인베스트먼트	79
56	한진중공업	7	하이트진로	17	한국GM	3
57	넷마블	26	넷마블	23	동국제강	12
58	하이트진로	12	애경	40	다우키움	48
59	유진	71	다우키움	57	금호석유화학	12
60	한솔	19			애경	38
61					하이트진로	17
62					유진	46
63					KG	20
64					삼양	13

(4) 2021년 [A: 계열회사 (개)]

순위	2021년	A		순위	2021년	A		순위	2021년	A
1	삼성	59		31	하림	55		61	애경	37
2	현대자동차	53		32	KT&G	10		62	반도홀딩스	28
3	SK	148		33	KCC	18		63	유진	52
4	LG	70		34	넥슨	18		64	하이트진로	18
5	롯데	86		35	대우조선해양	5		65	삼양	11
6	POSCO	33		36	넷마블	23		66	대방건설	43
7	한화	83		37	호반건설	42		67	현대해상화재보험	21
8	GS	80		38	SM	58		68	한국항공우주산업	5
9	현대중공업	33		39	DB	21		69	MDM	22
10	농협	58		40	코오롱	36		70	IS지주	46
11	신세계	45		41	한국타이어	21		71	중앙	56
12	KT	48		42	대우건설	15				
13	CJ	79		43	OCI	18				
14	한진	31		44	태영	63				
15	두산	22		45	이랜드	33				
16	LS	58		46	세아	29				
17	부영	23		47	중흥건설	37				
18	카카오	118		48	HMM	4				
19	DL	36		49	태광	19				
20	미래에셋	38		50	동원	26				
21	현대백화점	25		51	한라	15				
22	금호아시아나	27		52	아모레퍼시픽	14				
23	S-Oil	2		53	IMM인베스트먼트	94				
24	셀트리온	8		54	삼천리	42				
25	한국투자금융	30		55	금호석유화학	15				
26	교보생명보험	12		56	다우키움	45				
27	네이버	45		57	한국GM	3				
28	HDC	29		58	장금상선	19				
29	효성	50		59	동국제강	11				
30	영풍	27		60	쿠팡	8				

1.2 공기업집단, 2012-2016년

[A: 계열회사 (개)]

순위	2012년	A	2013년	A	2014년	A
1	한국전력공사	17	한국전력공사	22	한국전력공사	24
2	한국토지주택공사	4	한국토지주택공사	5	한국토지주택공사	5
3	한국도로공사	3	한국도로공사	3	한국도로공사	3
4	한국가스공사	3	한국가스공사	3	한국가스공사	3
5	한국석유공사	2	한국수자원공사	2	한국수자원공사	2
6	한국수자원공사	2	한국철도공사	10	한국석유공사	2
7	한국철도공사	10	인천도시공사	3	한국철도공사	11
8	인천도시공사	3	인천국제공항공사	2	인천도시공사	3
9	인천국제공항공사	2	서울특별시 도시철도공사	2	인천국제공항공사	2
10	서울특별시 도시철도공사	2	부산항만공사	2	서울특별시 도시철도공사	3
11	부산항만공사	2			서울메트로	3
12					부산항만공사	2
13					한국지역난방공사	3

순위	2015년	A	2016년	A
1	한국전력공사	24	한국전력공사	27
2	한국토지주택공사	5	한국토지주택공사	5
3	한국도로공사	3	한국도로공사	3
4	한국가스공사	2	한국가스공사	4
5	한국수자원공사	2	SH공사	2
6	한국철도공사	11	한국수자원공사	2
7	한국석유공사	2	한국철도공사	9
8	인천도시공사	4	한국석유공사	2
9	서울특별시 도시철도공사	3	인천도시공사	3
10	서울메트로	3	서울메트로	4
11	부산항만공사	2	서울특별시 도시철도공사	3
12			부산항만공사	2

주: 2012-2016년: 4월 지정, 공기업집단도 대규모기업집단으로 지정됨.
공기업집단 중에서의 순위임.

2. 집단별 현황: 순위, 1987-2021년

2.1 83개 사기업집단, 1987-2021년

(ㄱ) - (ㄷ) [순위 (위)]

연도	교보생명보험	금호석유화학	금호아시아나	네이버	넥슨	넷마블	농협	다우키움	대방건설	대성
1987			22							
1988			20							
1989			17							
1990			16							(31)
1991			12							(31)
1992			11							(31)
1993			11							
1994			11							
1995			11							
1996			11							
1997			11							
1998			9							
1999			9							
2000			8							
2001			9							
2002			9							32
2003			12							38
2004			11							41
2005			12							41
2006			13							45
2007	53		9							47
2008	62		10				67			45
2009			9							
2010			9							
2011			13							43
2012	46		16				34			41
2013	44		19				9			37
2014	42		18				9			40
2015	39		18				9			47
2016	34	52	20				10			
2017	34	54	19	51	56		10			
2018	30	55	25	49	52	57	9			
2019	27	55	28	45	47	57	9	59		
2020	25	59	20	41	42	47	10	58		
2021	26	55	22	27	34	36	10	56	66	

(ㄷ) - (ㄹ) [순위 (위)]

연도	대우건설	대우조선해양	대한전선	동국제강	동양	동원	두산	DB	DL	롯데
1987				17			14	23	9	10
1988				17			15	23	11	9
1989				18	(31)		15	23	12	9
1990				18	(31)	(31)	14	22	11	8
1991				18	21	30	14	24	11	10
1992			(31)	18	21	(31)	13	23	12	10
1993				17	21		13	24	12	10
1994				18	20		13	25	12	10
1995				16	19		12	26	13	10
1996				18	21		12	23	13	10
1997				18	23		14	22	15	10
1998				19	23		14	20	13	11
1999				15	21		13	16	14	10
2000				15	21		12	19	17	6
2001				21	17		11	15	16	8
2002				19	23	28	12	13	16	7
2003		26	31	23	19	32	13	14	17	7
2004	15	26	32	22	19	31	12	13	20	7
2005	22	23	38	20	24		13	14	21	5
2006	23	25	41	24	27		12	15	20	5
2007		22	40	25	29		13	18	20	5
2008		22	30	26	28		13	19	20	5
2009		15	25	28	36		12	20	22	6
2010		16	31	27	39		12	20	19	5
2011	24	19	39	26	38		12	20	22	5
2012	26	18	49	27	37		12	19	20	5
2013	28	20		30	39		13	18	21	5
2014	27	17		28			13	19	20	5
2015	26	17		31			13	21	19	5
2016	27	18		38			12	36	19	5
2017	29	20		45		37	13	36	18	5
2018	33	23		50		45	13	43	18	5
2019	36	24		53		48	15	43	18	5
2020	34	29		57		50	15	39	18	5
2021	42	35		59		50	15	39	19	5

주: 1) 1987–2016년 4월, 2017년 5월 또는 9월, 2018–2021년 5월 지정.
  2) 1987–1992년: 31위 이하 순위 정보 없음, (31)로 표시함.
  3) 2002–2016년: 공기업집단도 대규모기업집단으로 지정됨. 공기업집단을 제외한 순위임.

(ㅁ) - (ㅅ) [순위 (위)]

연도	메리츠금융	미래에셋	반도홀딩스	부영	삼성	삼양	삼천리	세아	셀트리온	CJ
1987					3					
1988					4					
1989					4	(31)				
1990					4	(31)				
1991					4	(31)				
1992					2	(31)	(31)			
1993					2					
1994					3					
1995					2					
1996					2					
1997					2					
1998					2					
1999					3	30				28
2000					2					23
2001					1					19
2002				34	1					18
2003				33	1					18
2004				38	1	45		33		18
2005				36	1	47		32		18
2006				39	1	48		36		18
2007				39	1	51		38		19
2008		44		38	1	60		40		17
2009					1			38		19
2010		42		24	1			44		18
2011		40		23	1			44		16
2012		35		23	1			42		14
2013		34		23	1			42		15
2014		30		21	1		49	44		15
2015		30		20	1		45	41		15
2016		25		16	1		50	40	48	15
2017		21		16	1		53	39	49	15
2018	51	20		16	1		53	40	38	15
2019		19		16	1		51	39	42	14
2020		19		17	1	64	52	40	45	13
2021		20	62	17	1	65	54	46	24	13

(ㅅ) - (ㅇ) [순위 (위)]

연도	신세계	아모레퍼시픽	IS지주	IMM인베스트먼트	애경	SM	S-Oil	SK	STX	HDC
1987								7		
1988		(31)						7		
1989		(31)						7		
1990		29						6		
1991		(31)						5		
1992		(31)						5		
1993								5		
1994								5		
1995								5		
1996								5		
1997								5		
1998								5		
1999								5		
2000	29						18	4		25
2001	24							4		22
2002	22							3		25
2003	16							3		28
2004	16							4		35
2005	16							4	28	33
2006	17							3	26	33
2007	15	48						3	24	35
2008	16	50			51			3	15	35
2009	21						30	3	14	35
2010	22						26	3	14	37
2011	18						27	3	14	37
2012	17						22	3	13	39
2013	16	52					24	3	14	41
2014	14	48					24	3		41
2015	14	46					27	3		42
2016	14	46					26	3		47
2017	11	43				46	22	3		48
2018	11	48				37	19	3		46
2019	11	50			58	35	20	3		33
2020	11	48		55	60	38	21	3		31
2021	11	52	70	53	61	38	23	3		28

(ㅇ) - (ㅈ) [순위 (위)]

연도	HMM	LS	LG	MDM	영풍	OCI	웅진	유진	이랜드	장금상선
1987			4							
1988			3							
1989			3							
1990			3		(31)	(31)				
1991			2		(31)	(31)				
1992			4		(31)	(31)				
1993			4							
1994			4							
1995			4							
1996			3							
1997			3							
1998			4							
1999			4							
2000			3		30					
2001			3		25	27				
2002			2		26	31				
2003			2		29	35				
2004		17	2		34	42				
2005		19	3		39	44			40	
2006		19	4		37	47			46	
2007		16	4		36	42			26	
2008		18	4		32	41	36	48	33	
2009		17	4			27	34			
2010		15	4		41	32	33			
2011		15	4		36	29	32	47		
2012		15	4		33	24	31	52	51	
2013		17	4		31	25	49		50	
2014		16	4		29	23			45	
2015		16	4		28	24			43	
2016		17	4		28	23			42	
2017		17	4		26	24			42	
2018		17	4		22	27		59	42	
2019		17	4		25	31		54	41	
2020	53	16	4		28	35		62	36	54
2021	48	16	4	69	30	43		63	45	58

(ㅈ) - (ㅋ) [순위 (위)]

연도	중앙	중흥건설	GS	카카오	KCC	KG	KT	KT&G	코닝정밀소재	코오롱
1987										21
1988										19
1989										20
1990										20
1991										22
1992										20
1993										22
1994										21
1995										21
1996										20
1997										20
1998										18
1999										20
2000										20
2001										20
2002					30					17
2003					30		5	21		20
2004					28		5	25		24
2005			9		31		6	27		26
2006	52	8			34		7	28		32
2007		8			30		7	37		28
2008		7			23		9	39		34
2009		8			31		11	40		32
2010		7			28		11	40		36
2011		8			25		11	41		33
2012			8		32		11	40		30
2013			8		35		12	38		32
2014			8		34		12	37	43	31
2015		49	7		29		12	36		32
2016		41	7	53	30		13	31		33
2017		35	7	50	31		12	27		32
2018		34	7	39	29		12	28		31
2019		37	8	32	34		12	29		30
2020		46	8	23	32	63	12	30		33
2021	71	47	8	18	33		12	32		40

(ㅋ) – (ㅎ) [순위 (위)]

연도	쿠팡	태광	태영	POSCO	하림	하이트진로	한국GM	한국타이어	한국투자금융	한국항공우주산업
1987										
1988		(31)								
1989		(31)		5						
1990		(31)								
1991		(31)								
1992		(31)	(31)			(31)		(31)		
1993										
1994										
1995										
1996										
1997										
1998										
1999										
2000										
2001		29		7						
2002		29		6				33		
2003		34		8		37		40		
2004		36		8		40	23	44		
2005		37		7		45	17	48		
2006		38	50	6		22	21	51		
2007		41	49	6		31	21	52		
2008		42	46	6		37	24	57		
2009				5			24		39	
2010				6		38	30		45	
2011		46		6		42	34		45	
2012		43	48	6		44	29	50	47	
2013		43	48	6		47	29	46	45	
2014		39	46	6		47	32	38		
2015		40	44	6		48	37	35		
2016		44	45	6	29	49	43	32	35	
2017		44	40	6	30	55	41	33	28	
2018		36	47	6	32	58	54	35	24	
2019		40	46	6	26	56	52	38	23	
2020		49	37	6	27	61	56	43	24	
2021	60	49	44	6	31	64	57	41	25	68

(ㅎ) [순위 (위)]

연도	한라	한솔	한진	한진중공업	한화	현대	현대백화점	현대자동차	현대중공업	현대해상화재보험
1987	(31)		6		8	1				
1988	30		5		8	1				
1989	(31)		6		10	1				
1990	23		5		10	1				
1991	23		6		8	1				
1992	19		6		9	1				
1993	19		6		9	1				
1994	17		6		9	1				
1995	15		7		9	1				
1996	16	22	7		9	1				
1997	12	16	7		9	1				
1998	12	15	6		8	1				
1999	17	12	6		8	1				
2000		11	5		9	1				
2001		14	6		10	2	26	5		
2002		21	5		11	8	24	4	10	
2003		25	6		9	11	24	4	10	
2004		30	6		9	14	27	3	10	
2005		35	8		10	15	29	2	11	
2006		43	9	35	11	16	31	2	10	
2007		43	10	32	12	17	27	2	11	
2008	53	47	11	29	12	21	31	2	8	
2009			10	29	13	18	33	2	7	
2010			10	29	13	21	34	2	8	
2011			9	31	10	21	30	2	7	
2012	45		9	36	10	21	28	2	7	
2013	40	51	10	33	11	22	26	2	7	
2014	35	50	10	33	11	22	25	2	7	
2015	34	50	10	33	11	22	23	2	8	
2016	37	51	11	39	8	22	21	2	9	
2017	38	57	14	52	8		23	2	9	
2018	41	60	14	56	8		21	2	10	
2019	49		13		7		21	2	10	
2020	51		14		7		22	2	9	
2021	51		14		7		21	2	9	67

(ㅎ) [순위 (위)]

연도	호반 건설	홈플 러스	효성
1987			16
1988			14
1989			16
1990			15
1991			16
1992			16
1993			16
1994			15
1995			17
1996			17
1997			17
1998			16
1999			19
2000			16
2001			18
2002			15
2003			15
2004			21
2005			25
2006			29
2007			33
2008		43	27
2009		37	26
2010		35	25
2011		35	28
2012		38	25
2013		36	27
2014		36	26
2015		38	25
2016			24
2017	47		25
2018	44		26
2019	44		22
2020	44		26
2021	37		29

2.2 14개 공기업집단, 2002-2016년

[순위 (위)]

연도	부산항만공사	서울메트로	서울특별시도시철도공사	SH공사	인천국제공항공사	인천도시공사	한국가스공사
2002							7
2003							6
2004							5
2005							5
2006							6
2007							6
2008	8						6
2009							5
2010			7		6	8	4
2011			8		7		4
2012	11		10		9	8	4
2013	10		9		8	7	4
2014	12	11	10		9	8	4
2015	11	10	9			8	4
2016	12	10	11	5		9	4

연도	한국도로공사	한국석유공사	한국수자원공사	한국전력공사	한국지역난방공사	한국철도공사	한국토지주택공사
2002	3		6	1			
2003	2		5	1			
2004	2			1			
2005	2			1		6	
2006	2			1		5	
2007	3			1		5	
2008	3			1	9	5	
2009	3	7		1		6	
2010	3			2		5	1
2011	3	6		2		5	1
2012	3	5	6	1		7	2
2013	3		5	1		6	2
2014	3	6	5	1	13	7	2
2015	3	7	5	1		6	2
2016	3	8	6	1		7	2

주: 2002-2016년: 4월 지정. 공기업집단도 대규모기업집단으로 지정됨. 공기업집단 중에서의 순위임.

3. 집단별 현황: 동일인·순위·계열회사, 2012-2021년

3.1 83개 사기업집단, 2012-2021년

(ㄱ) - (ㄴ) [O, R, A: 동일인, 순위 (위), 계열회사 (개)]

연도	교보생명보험			금호석유화학			금호아시아나		
	O	R	A	O	R	A	O	R	A
2012	신창재	46	13				박삼구	16	25
2013	신창재	44	12				박삼구	19	24
2014	신창재	42	13				박삼구	18	26
2015	신창재	39	13				박삼구	18	26
2016	신창재	34	13	박찬구	52	10	박삼구	20	24
2017	신창재	34	14	박찬구	54	11	박삼구	19	28
2018	신창재	30	14	박찬구	55	11	박삼구	25	26
2019	신창재	27	14	박찬구	55	11	박삼구	28	27
2020	신창재	25	13	박찬구	59	12	박삼구	20	27
2021	신창재	26	12	박찬구	55	15	박삼구	22	27

연도	네이버			넥슨			넷마블		
	O	R	A	O	R	A	O	R	A
2012									
2013									
2014									
2015									
2016									
2017	이해진	51	71	김정주	56	22			
2018	이해진	49	45	김정주	52	22	방준혁	57	26
2019	이해진	45	42	김정주	47	21	방준혁	57	23
2020	이해진	41	43	김정주	42	18	방준혁	47	25
2021	이해진	27	45	김정주	34	18	방준혁	36	23

주: 1) 2012-2016년 4월, 2017년 5월 또는 9월, 2018-2021년 5월 지정.
    3) 2012-2016년: 공기업집단도 대규모기업집단으로 지정됨. 공기업집단을 제외한 순위임.

(ㄴ) – (ㄷ) [O, R, A: 동일인, 순위 (위), 계열회사 (개)]

연도	농협			다우키움			대방건설		
	O	R	A	O	R	A	O	R	A
2012	농협중앙회	34	41						
2013	농협중앙회	9	34						
2014	농협중앙회	9	32						
2015	농협중앙회	9	39						
2016	농협중앙회	10	45						
2017	농협중앙회	10	81						
2018	농협중앙회	9	49						
2019	농협중앙회	9	44	김익래	59	57			
2020	농협중앙회	10	58	김익래	58	48			
2021	농협중앙회	10	58	김익래	56	45	구교운	66	43

연도	대성			대우건설			대우조선해양		
	O	R	A	O	R	A	O	R	A
2012	김영대	41	85	대우건설	26	15	대우조선해양	18	19
2013	김영대	37	83	대우건설	28	16	대우조선해양	20	20
2014	김영대	40	76	대우건설	27	16	대우조선해양	17	19
2015	김영대	47	73	대우건설	26	13	대우조선해양	17	18
2016				대우건설	27	16	대우조선해양	18	14
2017				대우건설	29	14	대우조선해양	20	14
2018				대우건설	33	15	대우조선해양	23	5
2019				대우건설	36	14	대우조선해양	24	5
2020				대우건설	34	16	대우조선해양	29	5
2021				대우건설	42	15	대우조선해양	35	5

(ㄷ) [O, R, A: 동일인, 순위 (위), 계열회사 (개)]

연도	대한전선			동국제강			동양		
	O	R	A	O	R	A	O	R	A
2012	설윤석	49	24	장세주	27	16	현재현	37	34
2013				장세주	30	15	현재현	39	30
2014				장세주	28	16			
2015				장세주	31	14			
2016				장세주	38	15			
2017				장세주	45	9			
2018				장세주	50	10			
2019				장세주	53	12			
2020				장세주	57	12			
2021				장세주	59	11			

연도	동원			두산			DB		
	O	R	A	O	R	A	O	R	A
2012				박용곤	12	24	김준기	19	56
2013				박용곤	13	25	김준기	18	61
2014				박용곤	13	22	김준기	19	64
2015				박용곤	13	22	김준기	21	53
2016				박용곤	12	25	김준기	36	25
2017	김재철	37	30	박용곤	13	26	김준기	36	23
2018	김재철	45	22	박용곤	13	26	김준기	43	20
2019	김재철	48	24	박정원	15	23	김준기	43	20
2020	김재철	50	25	박정원	15	25	김준기	39	20
2021	김재철	50	26	박정원	15	22	김준기	39	21

(ㄷ) ‑ (ㅂ) [O, R, A: 동일인, 순위 (위), 계열회사 (개)]

연도	DL			롯데			메리츠금융		
	O	R	A	O	R	A	O	R	A
2012	이준용	20	17	신격호	5	79			
2013	이준용	21	19	신격호	5	77			
2014	이준용	20	22	신격호	5	74			
2015	이준용	19	24	신격호	5	80			
2016	이준용	19	28	신격호	5	93			
2017	이준용	18	26	신격호	5	90			
2018	이준용	18	27	신동빈	5	107	조정호	51	8
2019	이준용	18	26	신동빈	5	95			
2020	이준용	18	32	신동빈	5	86			
2021	이준용	19	36	신동빈	5	86			

연도	미래에셋			반도홀딩스			부영		
	O	R	A	O	R	A	O	R	A
2012	박현주	35	30				이중근	23	17
2013	박현주	34	28				이중근	23	16
2014	박현주	30	30				이중근	21	14
2015	박현주	30	31				이중근	20	15
2016	박현주	25	28				이중근	16	18
2017	박현주	21	41				이중근	16	22
2018	박현주	20	38				이중근	16	24
2019	박현주	19	38				이중근	16	24
2020	박현주	19	38				이중근	17	23
2021	박현주	20	38	권홍사	62	28	이중근	17	23

(ㅅ) [O, R, A: 동일인, 순위 (위), 계열회사 (개)]

연도	삼성			삼양			삼천리		
	O	R	A	O	R	A	O	R	A
2012	이건희	1	81						
2013	이건희	1	76						
2014	이건희	1	74				이만득	49	14
2015	이건희	1	67				이만득	45	15
2016	이건희	1	59				이만득	50	16
2017	이건희	1	62				이만득	53	17
2018	이재용	1	62				이만득	53	17
2019	이재용	1	62				이만득	51	20
2020	이재용	1	59	김윤	64	13	이만득	52	27
2021	이재용	1	59	김윤	65	11	이만득	54	42

연도	세아			셀트리온			CJ		
	O	R	A	O	R	A	O	R	A
2012	이운형	42	24				이재현	14	84
2013	이순형	42	23				이재현	15	82
2014	이순형	44	22				이재현	15	73
2015	이순형	41	21				이재현	15	65
2016	이순형	40	22	서정진	48	8	이재현	15	62
2017	이순형	39	21	서정진	49	11	이재현	15	70
2018	이순형	40	21	서정진	38	9	이재현	15	80
2019	이순형	39	24	서정진	42	10	이재현	14	75
2020	이순형	40	29	서정진	45	9	이재현	13	77
2021	이순형	46	29	서정진	24	8	이재현	13	79

(ㅅ) - (ㅇ) [O, R, A: 동일인, 순위 (위), 계열회사 (개)]

연도	신세계			아모레퍼시픽			IS지주		
	O	R	A	O	R	A	O	R	A
2012	이명희	17	19						
2013	이명희	16	27	서경배	52	10			
2014	이명희	14	29	서경배	48	10			
2015	이명희	14	29	서경배	46	12			
2016	이명희	14	34	서경배	46	12			
2017	이명희	11	37	서경배	43	12			
2018	이명희	11	39	서경배	48	12			
2019	이명희	11	40	서경배	50	13			
2020	이명희	11	41	서경배	48	15			
2021	이명희	11	45	서경배	52	14	권혁운	70	46

연도	IMM인베스트먼트			애경			SM		
	O	R	A	O	R	A	O	R	A
2012									
2013									
2014									
2015									
2016									
2017							우오현	46	61
2018							우오현	37	65
2019				장영신	58	40	우오현	35	65
2020	지성배	55	79	장영신	60	38	우오현	38	53
2021	지성배	53	94	장영신	61	37	우오현	38	58

(ㅇ) [O, R, A: 동일인, 순위 (위), 계열회사 (개)]

연도	S-Oil			SK			STX		
	O	R	A	O	R	A	O	R	A
2012	S-Oil	22	2	최태원	3	94	강덕수	13	26
2013	S-Oil	24	2	최태원	3	81	강덕수	14	21
2014	S-Oil	24	2	최태원	3	80			
2015	S-Oil	27	2	최태원	3	82			
2016	S-Oil	26	2	최태원	3	86			
2017	S-Oil	22	2	최태원	3	96			
2018	S-Oil	19	3	최태원	3	101			
2019	S-Oil	20	3	최태원	3	111			
2020	S-Oil	21	3	최태원	3	125			
2021	S-Oil	23	2	최태원	3	148			

연도	HDC			HMM			LS		
	O	R	A	O	R	A	O	R	A
2012	정몽규	39	15				구태회	15	50
2013	정몽규	41	15				구태회	17	49
2014	정몽규	41	15				구태회	16	51
2015	정몽규	42	16				구태회	16	48
2016	정몽규	47	17				구태회	17	45
2017	정몽규	48	19				구자홍	17	45
2018	정몽규	46	23				구자홍	17	48
2019	정몽규	33	24				구자홍	17	53
2020	정몽규	31	27	HMM	53	4	구자홍	16	54
2021	정몽규	28	29	HMM	48	4	구자홍	16	58

(○) [O, R, A: 동일인, 순위 (위), 계열회사 (개)]

연도	LG			MDM			영풍		
	O	R	A	O	R	A	O	R	A
2012	구본무	4	63				장형진	33	23
2013	구본무	4	61				장형진	31	23
2014	구본무	4	61				장형진	29	22
2015	구본무	4	63				장형진	28	22
2016	구본무	4	67				장형진	28	23
2017	구본무	4	68				장형진	26	23
2018	구본무	4	70				장형진	22	24
2019	구광모	4	75				장형진	25	24
2020	구광모	4	70				장형진	28	26
2021	구광모	4	70	문주현	69	22	장형진	30	27

연도	OCI			웅진			유진		
	O	R	A	O	R	A	O	R	A
2012	이수영	24	19	윤석금	31	29	유경선	52	28
2013	이수영	25	22	윤석금	49	25			
2014	이수영	23	26						
2015	이수영	24	26						
2016	이수영	23	22						
2017	이수영	24	22						
2018	이우현	27	21				유경선	59	71
2019	이우현	31	19				유경선	54	54
2020	이우현	35	18				유경선	62	46
2021	이우현	43	18				유경선	63	52

(ㅇ) - (ㅋ) [O, R, A: 동일인, 순위 (위), 계열회사 (개)]

연도	이랜드			장금상선			중앙		
	O	R	A	O	R	A	O	R	A
2012	박성수	51	30						
2013	박성수	50	27						
2014	박성수	45	24						
2015	박성수	43	25						
2016	박성수	42	29						
2017	박성수	42	29						
2018	박성수	42	30						
2019	박성수	41	29						
2020	박성수	36	31	정태순	54	17			
2021	박성수	45	33	정태순	58	19	홍석현	71	56

연도	중흥건설			GS			카카오		
	O	R	A	O	R	A	O	R	A
2012				허창수	8	73			
2013				허창수	8	79			
2014				허창수	8	80			
2015	정창선	49	43	허창수	7	79			
2016	정창선	41	49	허창수	7	69	김범수	53	45
2017	정창선	35	62	허창수	7	69	김범수	50	63
2018	정창선	34	61	허창수	7	71	김범수	39	72
2019	정창선	37	34	허창수	8	64	김범수	32	71
2020	정창선	46	35	허창수	8	69	김범수	23	97
2021	정창선	47	37	허창수	8	80	김범수	18	118

(ㅋ) [O, R, A: 동일인, 순위 (위), 계열회사 (개)]

연도	KCC			KG			KT		
	O	R	A	O	R	A	O	R	A
2012	정몽진	32	9				KT	11	50
2013	정몽진	35	9				KT	12	54
2014	정몽진	34	9				KT	12	57
2015	정몽진	29	9				KT	12	50
2016	정몽진	30	7				KT	13	40
2017	정몽진	31	7				KT	12	38
2018	정몽진	29	17				KT	12	36
2019	정몽진	34	15				KT	12	43
2020	정몽진	32	16	곽재선	63	20	KT	12	44
2021	정몽진	33	18				KT	12	48

연도	KT&G			코닝정밀소재			코오롱		
	O	R	A	O	R	A	O	R	A
2012	KT&G	40	13				이웅열	30	40
2013	KT&G	38	11				이웅열	32	38
2014	KT&G	37	11	삼성코닝 정밀소재	43	2	이웅열	31	37
2015	KT&G	36	10				이웅열	32	43
2016	KT&G	31	10				이웅열	33	43
2017	KT&G	27	9				이웅열	32	40
2018	KT&G	28	9				이웅열	31	39
2019	KT&G	29	11				이웅열	30	41
2020	KT&G	30	10				이웅열	33	37
2021	KT&G	32	10				이웅열	40	36

(ㅋ) – (ㅎ) [O, R, A: 동일인, 순위 (위), 계열회사 (개)]

연도	쿠팡			태광			태영		
	O	R	A	O	R	A	O	R	A
2012				이호진	43	44	윤세영	48	40
2013				이호진	43	44	윤세영	48	40
2014				이호진	39	34	윤세영	46	42
2015				이호진	40	32	윤세영	44	44
2016				이호진	44	26	윤세영	45	43
2017				이호진	44	26	윤세영	40	47
2018				이호진	36	25	윤세영	47	48
2019				이호진	40	23	윤세영	46	53
2020				이호진	49	19	윤세영	37	61
2021	쿠팡	60	8	이호진	49	19	윤세영	44	63

연도	POSCO			하림			하이트진로		
	O	R	A	O	R	A	O	R	A
2012	POSCO	6	70				박문덕	44	15
2013	POSCO	6	52				박문덕	47	14
2014	POSCO	6	46				박문덕	47	12
2015	POSCO	6	51				박문덕	48	12
2016	POSCO	6	45	김홍국	29	58	박문덕	49	13
2017	POSCO	6	38	김홍국	30	58	박문덕	55	12
2018	POSCO	6	40	김홍국	32	58	박문덕	58	12
2019	POSCO	6	35	김홍국	26	53	박문덕	56	17
2020	POSCO	6	35	김홍국	27	52	박문덕	61	17
2021	POSCO	6	33	김홍국	31	55	박문덕	64	18

(ㅎ)　[O, R, A: 동일인, 순위 (위), 계열회사 (개)]

연도	한국GM			한국타이어			한국투자금융		
	O	R	A	O	R	A	O	R	A
2012	한국GM	29	3	조양래	50	15	김남구	47	15
2013	한국GM	29	3	조양래	46	16	김남구	45	13
2014	한국GM	32	3	조양래	38	16			
2015	한국GM	37	2	조양래	35	16			
2016	한국GM	43	2	조양래	32	14	김남구	35	24
2017	한국GM	41	2	조양래	33	17	김남구	28	28
2018	한국GM	54	2	조양래	35	17	김남구	24	30
2019	한국GM	52	3	조양래	38	25	김남구	23	30
2020	한국GM	56	3	조양래	43	24	김남구	24	28
2021	한국GM	57	3	조양래	41	21	김남구	25	30

연도	한국항공우주산업			한라			한솔		
	O	R	A	O	R	A	O	R	A
2012				정몽원	45	23			
2013				정몽원	40	23	이인희	51	22
2014				정몽원	35	21	이인희	50	20
2015				정몽원	34	23	이인희	50	21
2016				정몽원	37	22	이인희	51	20
2017				정몽원	38	19	이인희	57	20
2018				정몽원	41	19	이인희	60	19
2019				정몽원	49	15			
2020				정몽원	51	14			
2021	한국항공우주산업	68	5	정몽원	51	15			

(ㅎ) [O, R, A: 동일인, 순위 (위), 계열회사 (개)]

연도	한진			한진중공업			한화		
	O	R	A	O	R	A	O	R	A
2012	조양호	9	45	조남호	36	8	김승연	10	53
2013	조양호	10	45	조남호	33	9	김승연	11	49
2014	조양호	10	48	조남호	33	10	김승연	11	51
2015	조양호	10	46	조남호	33	9	김승연	11	52
2016	조양호	11	38	조남호	39	9	김승연	8	57
2017	조양호	14	34	조남호	52	8	김승연	8	61
2018	조양호	14	28	조남호	56	7	김승연	8	76
2019	조원태	13	32				김승연	7	75
2020	조원태	14	31				김승연	7	86
2021	조원태	14	31				김승연	7	83

연도	현대			현대백화점			현대자동차		
	O	R	A	O	R	A	O	R	A
2012	현정은	21	20	정지선	28	35	정몽구	2	56
2013	현정은	22	20	정지선	26	35	정몽구	2	57
2014	현정은	22	20	정지선	25	35	정몽구	2	57
2015	현정은	22	20	정지선	23	32	정몽구	2	51
2016	현정은	22	21	정지선	21	35	정몽구	2	51
2017				정지선	23	29	정몽구	2	53
2018				정지선	21	28	정몽구	2	56
2019				정지선	21	28	정몽구	2	53
2020				정지선	22	25	정몽구	2	54
2021				정지선	21	25	정의선	2	53

(ㅎ) [O, R, A: 동일인, 순위 (위), 계열회사 (개)]

연도	현대중공업			현대해상화재보험			호반건설		
	O	R	A	O	R	A	O	R	A
2012	정몽준	7	24						
2013	정몽준	7	26						
2014	정몽준	7	26						
2015	정몽준	8	27						
2016	정몽준	9	26						
2017	정몽준	9	29				김상열	47	48
2018	정몽준	10	28				김상열	44	42
2019	정몽준	10	31				김상열	44	33
2020	정몽준	9	30				김상열	44	36
2021	정몽준	9	33	정몽윤	67	21	김상열	37	42

연도	홈플러스			효성		
	O	R	A	O	R	A
2012	홈플러스	38	3	조석래	25	45
2013	홈플러스	36	3	조석래	27	48
2014	홈플러스	36	3	조석래	26	44
2015	홈플러스	38	4	조석래	25	45
2016				조석래	24	45
2017				조석래	25	46
2018				조석래	26	52
2019				조석래	22	57
2020				조석래	26	54
2021				조현준	29	50

3.2 14개 공기업집단, 2012–2016년

(ㅂ) - (ㅇ) [O, R, A: 동일인, 순위 (위), 계열회사 (개)]

연도	부산항만공사			서울메트로			서울특별시도시철도공사		
	O	R	A	O	R	A	O	R	A
2012	부산항만공사	11	2				서울특별시 도시철도공사	10	2
2013	부산항만공사	10	2				서울특별시 도시철도공사	9	2
2014	부산항만공사	12	2	서울메트로	11	3	서울특별시 도시철도공사	10	3
2015	부산항만공사	11	2	서울메트로	10	3	서울특별시 도시철도공사	9	3
2016	부산항만공사	12	2	서울메트로	10	4	서울특별시 도시철도공사	11	3

연도	SH공사			인천국제공항공사			인천도시공사		
	O	R	A	O	R	A	O	R	A
2012				인천국제 공항공사	9	2	인천도시공사	8	3
2013				인천국제 공항공사	8	2	인천도시공사	7	3
2014				인천국제 공항공사	9	2	인천도시공사	8	3
2015							인천도시공사	8	4
2016	SH공사	5	2				인천도시공사	9	3

주: 2012–2016년: 4월 지정. 공기업집단도 대규모기업집단으로 지정됨. 공기업집단 중에서의 순위임.

(ㅎ) [O, R, A: 동일인, 순위 (위), 계열회사 (개)]

연도	한국가스공사			한국도로공사			한국석유공사		
	O	R	A	O	R	A	O	R	A
2012	한국가스공사	4	3	한국도로공사	3	3	한국석유공사	5	2
2013	한국가스공사	4	3	한국도로공사	3	3			
2014	한국가스공사	4	3	한국도로공사	3	3	한국석유공사	6	2
2015	한국가스공사	4	2	한국도로공사	3	3	한국석유공사	7	2
2016	한국가스공사	4	4	한국도로공사	3	3	한국석유공사	8	2

연도	한국수자원공사			한국전력공사			한국지역난방공사		
	O	R	A	O	R	A	O	R	A
2012	한국수자원공사	6	2	한국전력공사	1	17			
2013	한국수자원공사	5	2	한국전력공사	1	22			
2014	한국수자원공사	5	2	한국전력공사	1	24	한국지역난방공사	13	3
2015	한국수자원공사	5	2	한국전력공사	1	24			
2016	한국수자원공사	6	2	한국전력공사	1	27			

연도	한국철도공사			한국토지주택공사		
	O	R	A	O	R	A
2012	한국철도공사	7	10	한국토지주택공사	2	4
2013	한국철도공사	6	10	한국토지주택공사	2	5
2014	한국철도공사	7	11	한국토지주택공사	2	5
2015	한국철도공사	6	11	한국토지주택공사	2	5
2016	한국철도공사	7	9	한국토지주택공사	2	5

제4장
97개 기업집단: 소유구조의 유형

1. 소유구조 7유형

(1) 소유구조: 7유형 및 단일·복합소유구조 (집단 수, 개)

유형		주요 주주	단일 소유구조	복합 소유구조	합
I		동일인 1명	30	2	32
II		동일인 1명 + 특수관계인	11	16	27
	1	동일인 1명 + 2세	9	2	11
	2	동일인 1명 + 2세 + 친족	1	5	6
	3	동일인 1명 + 2세 + 친족 + 비영리법인		1	1
	4	동일인 1명 + 친족	1	8	9
III		동일인 2명 [1명 → 1명 (2세)]	5		5
IV		동일인 2명 + 특수관계인	1	4	5
	1	동일인 2명 [1명 → 1명 (2세)] + 2세 + 친족		1	1
	2	동일인 2명 [1명 → 1명 (2세)] + 친족		2	2
	3	동일인 2명 [1명 → 1명 (2세)] + 기타		1	1
	4	동일인 2명 [1명 → 1명 (친족)] + 친족	1		1
V		특수관계인		1	1
VI		동일인 1개 법인 [민간단체]	1		1
VII		기타	26		26
	1	(주요 지배 회사 = 동일인 1개 법인 [사기업])	12		12
	2	(주요 지배 회사 = 동일인 1개 법인 [공기업])	14		14
합		I-V / VI-VII	47 / 27	23 / 0	70 / 27
		I-VII	74	23	97
참고	I-V	동일인 = 자연인, 주요 주주 : 70개 사기업집단			
	VI	동일인 = 법인, 주요 주주 : 1개 사기업집단			
	VII	동일인 = 법인, 주요 지배 회사: 26개 집단 (12개 사기업집단, 14개 공기업집단)			
	단일소유구조	주요 주주 → 주요 지배 회사 → 계열회사			
	복합소유구조	{주요 주주 → 주요 지배 회사 → 계열회사} + {동일인 또는 친족 → 계열회사}			

(2) 집단 이름

유형		단일소유구조	복합소유구조
I		교보생명보험, 네이버, 넥슨, 넷마블, 다우키움, 대한전선, 동국제강, 메리츠금융, 미래에셋, 삼양, CJ, 아모레퍼시픽, IMM인베스트먼트, SM, STX, HDC, 웅진, 유진, 이랜드, 카카오, 코오롱, 하림, 하이트진로, 한국투자금융, 한라, 한솔, 한진중공업, 현대, 현대백화점, 현대중공업	부영, 태광
II	1	동양, 동원, DB, DL, IS지주, 영풍, 중앙, KG, 태영	신세계, 호반건설
	2	금호석유화학	반도홀딩스, 애경, MDM, 중흥건설, 한국타이어
	3		금호아시아나
	4	삼천리	대성, 셀트리온, SK, 장금상선, GS, KCC, 한화, 현대해상화재보험
III		두산, 삼성, LG, 한진, 현대자동차	
IV	1		효성
	2		LS, OCI
	3		롯데
	4	세아	
V			대방건설
VI		농협	
VII	1	대우건설, 대우조선해양, S-Oil, HMM, KT, KT&G, 코닝정밀소재, 쿠팡, POSCO, 한국GM, 한국항공우주산업, 홈플러스	
	2	부산항만공사, 서울메트로, 서울특별시도시철도공사, SH공사, 인천국제공항공사, 인천도시공사, 한국가스공사, 한국도로공사, 한국석유공사, 한국수자원공사, 한국전력공사, 한국지역난방공사, 한국철도공사, 한국토지주택공사	

주: 다음 참고: 제1장 (3. 대규모기업집단의 소유구조), 제5장 (97개 기업집단: 집단별 소유구조).

2. 소유구조: 집단 이름 '가나다' 순

2.1 83개 사기업집단

(ㄱ) - (ㄷ)

집단	주요 주주	주요 지배 회사	주요 계열회사
교보생명보험	신창재 (동일인)	교보생명보험	교보증권 교보문고
금호석유화학	박찬구 (동일인) 박준경 (2세) 박철완 (조카)	금호석유화학	금호피앤비화학 코리아에너지발전소
금호아시아나	박삼구 (동일인) 박세창 (2세)	금호산업 금호기업 금호홀딩스/금호고속	아시아나항공 '금호산업/금호건설 → 　아시아나항공'
	친족 비영리법인	-	금호석유화학 케이에이
네이버	이해진 (동일인)	네이버	LINE Corp. 스노우 네이버아이앤에스 'A-Holdings → 　Z-Holdings → 　LINE Corporation'
넥슨	김정주 (동일인)	엔엑스씨	'Nexon Co., Ltd. → 　넥슨코리아'
넷마블	방준혁 (동일인)	넷마블	미디어웹 넷마블엔투 코웨이
농협	농협중앙회 (동일인)	농협금융지주 농협경제지주	농협은행 NH농협증권 농협사료 NH투자증권
다우키움	김익래 (동일인)	다우데이타	'다우기술 → 　키움증권'

(ㄷ)

집단	주요 주주	주요 지배 회사	주요 계열회사
대방건설	구찬우 (동일인 2세)	대방건설	대방주택
	구수진 (동일인 2세)	대방산업개발	엘리움
대성	김영대 (동일인)	대성합동지주	대성산업
	친족	-	제이헨
	김영민 (형제)	서울도시개발	서울도시가스
	친족	-	서울도시산업 에스씨지솔루션즈
	김영훈 (형제)	대성홀딩스	대성에너지
	김영훈	-	알앤알
대우건설	-	대우건설 (동일인)	대우에스티
대우조선해양	-	대우조선해양 (동일인)	디섹 대우조선해양건설 한국선박금융 대한조선
대한전선	설윤석 (동일인)	티이씨리딩스	대한전선
동국제강	장세주 (동일인)	동국제강	인터지스 유니온스틸
동양	현재현 (동일인) 현승담 (2세)	동양레저	동양
동원	김재철 (동일인) 김남정 (2세)	동원엔터프라이즈	동원산업 동원에프앤비
두산	박용곤 (동일인) 박정원 (동일인, 2세)	두산	두산중공업 디아이피홀딩스

DB	김준기 (동일인)
	김남호 (2세)
	김주원 (2세)
		동부씨엔아이/동부/
		  DB Inc.
		동부화재해상보험/
		  DB손해보험
		동부건설
			동부하이텍/DB하이텍
			동부한농/동부팜한농
			동부증권/DB금융투자
			동부건설
			동부익스프레스

(ㄷ) - (ㅅ)

집단	주요 주주	주요 지배 회사	주요 계열회사
DL	이준용 (동일인) 이해욱 (2세)	대림코퍼레이션/대림	대림산업/DL
롯데	신격호 (동일인) 신동빈 (동일인, 2세)	롯데제과/롯데지주	롯데쇼핑 롯데케미칼
	-	호텔롯데	롯데쇼핑 롯데물산
메리츠금융	조정호 (동일인)	메리츠금융지주	메리츠종합금융증권
미래에셋	박현주 (동일인)	미래에셋자산운용 미래에셋캐피탈	미래에셋증권 미래에셋대우/ 　미래에셋증권
반도홀딩스	권홍사 (동일인) 권재현 (2세)	반도홀딩스	반도종합건설 반도건설
	친족	-	반도개발
부영	이중근 (동일인)	부영	부영주택
	이중근	-	동광주택산업
삼성	이건희 (동일인) 이재용 (동일인, 2세)	삼성에버랜드/ 　제일모직/삼성물산	'삼성생명보험 → 　삼성전자'
삼양	김윤 (동일인)	삼양홀딩스	삼양사
삼천리	이만득 (동일인) 이은백 (조카)	삼천리 삼탄/에스티인터내셔널 코퍼레이션	삼천리이에스 삼천리자산운용 동해임산
세아	이운형 (동일인) 이순형 (동일인, 형제) 이주성 (이순형 2세)	세아홀딩스 에이팩인베스터스	한국번디/세아에프에스 세아베스틸 세아제강/세아제강지주
셀트리온	서정진 (동일인)	셀트리온홀딩스	셀트리온
	서정진 친족	-	셀트리온헬스케어 셀트리온헬스케어홀딩스
CJ	이재현 (동일인)	CJ	CJ ENM CJ제일제당 CJ프레시웨이

(ㅅ) - (ㅇ)

집단	주요 주주	주요 지배 회사	주요 계열회사
신세계	이명희 (동일인) 정용진 (2세)	이마트	신세계프라퍼티
	이명희 정유경 (2세)	신세계	신세계인터내셔날
아모레퍼시픽	서경배 (동일인)	아모레퍼시픽그룹	아모레퍼시픽
IS지주	권혁운 (동일인) 권민석 (2세) 권지혜 (2세)	IS지주	IS동서
IMM 인베스트먼트	지성배 (동일인)	IMM	IMM인베스트먼트
애경	장영신 (동일인) 채형석 (2세)	AK홀딩스	애경산업 에이엠플러스자산개발
	친족	-	AK아이에스
SM	우오현 (동일인)	삼라	우방산업 신광 SM스틸 SM인더스트리
S-Oil	-	S-Oil (동일인)	S-Oil토탈윤활유
SK	최태원 (동일인)	SKC&C/SK	'SK → 　SK이노베이션, 　SK텔레콤, SKC, 　SKE&S' SK이노베이션 SK텔레콤 SKC SKE&S
	친족	SK케미칼/SK디스커버리	SK가스
STX	강덕수 (동일인)	포스텍	STX
HDC	정몽규 (동일인)	현대산업개발/HDC	현대이피/HDC현대이피 HDC현대산업개발
HMM	-	HMM (동일인)	현대상선퍼시픽/ 　HMM퍼시픽

(ㅇ)

집단	주요 주주	주요 지배 회사	주요 계열회사
LS	구태회 (동일인) 구자홍 (동일인, 2세) 구자열 (조카)	LS	LS산전/LS일렉트릭 LS전선
	구태회 구자홍	예스코/예스코홀딩스	한성 예스코
	친족	이원	LS네트웍스
LG	구본무 (동일인) 구광모 (동일인, 2세)	LG	LG전자 LG유플러스 LG생활건강
MDM	문주현 (동일인)	MDM	한국자산신탁
	문주현 문현정 (2세) 문초연 (2세)	MDM플러스	한국자산에셋운용
	친족	-	쏘울컬렉션
영풍	장형진 (동일인) 장세준 (2세) 장세환 (2세)	영풍	고려아연 코리아써키트
OCI	이수영 (동일인) 이우현 (동일인, 2세)	OCI	OCI머티리얼즈 OCI정보통신 OCI파워 삼광유리/삼광글라스
	친족	OCI상사/ 　유니드글로벌상사	유니드 '유니드 → 　삼광글라스/SGC에너지'
웅진	윤석금 (동일인)	웅진홀딩스 웅진캐피탈	웅진씽크빅 극동건설 서울상호저축은행
유진	유경선 (동일인)	유진기업	유진투자증권 유진프라이빗에쿼티 동양
이랜드	박성수 (동일인)	이랜드월드	이랜드리테일 이랜드파크

(ㅈ) - (ㅋ)

집단	주요 주주	주요 지배 회사	주요 계열회사
장금상선	정태순 (동일인)	장금상선	흥아라인 조강해운
	친족	-	장금마리타임
중앙	홍석현 (동일인) 홍정도 (2세) 홍정인 (2세)	중앙홀딩스	제이콘텐트리 중앙일보 JTBC
중흥건설	정창선 (동일인)	중흥건설	중흥개발
	정원주 (2세)	중흥토건	중흥에스클래스
	정원철 (2세)	시티글로벌	시티개발 헤럴드
	정창선 친족	-	중흥주택
GS	허창수 (동일인)	GS GS건설	GS에너지 GS리테일 GS이앤알
	친족	-	코스모앤컴퍼니 삼양통상
카카오	김범수 (동일인)	카카오	케이벤처그룹/ 　카카오게임즈홀딩스 카카오인베스트먼트 카카오게임즈 로엔엔터테인먼트/ 　카카오엠 카카오엠 카카오엔터테인먼트 카카오모빌리티
KCC	정몽진 (동일인)	KCC	KCC건설
	정몽진 친족	-	금강레저 동주피앤지
KG	곽재선 (동일인) 곽정현 (2세) 곽혜은 (2세)	KG제로인	KG케미칼

(ㅋ) - (ㅎ)

집단	주요 주주	주요 지배 회사	주요 계열회사
KT	-	KT (동일인)	KT캐피탈 비씨카드 KT스카이라이프 KT에스테이트
KT&G	-	KT&G (동일인)	한국인삼공사 영진약품공업/영진약품
코닝정밀소재	-	삼성코닝 정밀소재 (동일인)	글로벌텍
코오롱	이웅열 (동일인)	코오롱	코오롱인더스트리 코오롱글로벌
쿠팡	-	쿠팡 (동일인)	씨피엘비 쿠팡페이
태광	이호진 (동일인)	태광산업	티브로드홀딩스/티브로드 티시스
	이호진	-	흥국생명보험 티시스
태영	윤세영 (동일인) 윤석민 (2세)	태영건설 TY홀딩스	SBS미디어홀딩스 티에스케이워터/ 티에스케이코퍼레이션 태영건설
POSCO	-	POSCO (동일인)	POSCO강판 POSCO건설 POSCO에너지
하림	김홍국 (동일인)	제일홀딩스/하림지주	하림홀딩스 선진 팜스코 엔에스쇼핑
하이트진로	박문덕 (동일인)	하이트진로홀딩스	하이트진로
한국GM	-	한국GM (동일인)	GM코리아 GM테크니컬센터코리아

(ㅎ)

집단	주요 주주	주요 지배 회사	주요 계열회사
한국타이어	조양래 (동일인) 조현식 (2세) 조현범 (2세)	한국타이어/ 　한국타이어월드와이드/ 　한국테크놀로지그룹/ 　한국앤컴퍼니	한국타이어/ 　한국타이어앤크놀로지 아트라스비엑스/ 　한국아트라스비엑스
	친족	-	신양월드레저
한국투자금융	김남구 (동일인)	한국투자금융지주	한국투자증권 이큐파트너스/한국투자 　프라이빗에쿼티
한국항공 우주산업	-	한국항공 우주산업 (동일인)	에스앤케이항공
한라	정몽원 (동일인)	한라건설/한라 한라홀딩스	만도 한라 '한라마이스터 → 　한라'
한솔	이인희 (동일인)	한솔제지/ 　한솔홀딩스	한솔피엔에스 한솔라이팅 한솔이엠이 한솔로지스틱스
한진	조양호 (동일인) 조원태 (동일인, 2세)	정석기업 한진 한진칼	'한진 → 　대한항공' '대한항공 → 　한진해운' 한진칼 대한항공 한진
한진중공업	조남호 (동일인)	한진중공업홀딩스	한진중공업 대륜E&S
한화	김승연 (동일인)	한화	한화케미칼/한화솔루션 한화건설
	친족	-	한화에스앤씨/ 　에이치솔루션

(ㅎ)

집단	주요 주주	주요 지배 회사	주요 계열회사
현대	현정은 (동일인)	현대글로벌 현대엘리베이터	'현대로지스틱스 → 현대엘리베이터 → 현대상선' '현대엘리베이터 → 현대상선' 현대상선
현대백화점	정지선 (동일인)	현대백화점 현대그린푸드	'현대홈쇼핑 → 현대에이치씨엔/ 현대퓨처넷' 리바트/현대리바트
현대자동차	정몽구 (동일인) 정의선 (동일인, 2세)	현대자동차 현대모비스	기아자동차/기아 현대건설
현대중공업	정몽준 (동일인)	현대중공업 현대로보틱스/ 현대중공업지주	현대삼호중공업 현대오일뱅크 현대중공업/한국조선해양
현대해상 화재보험	정몽윤 (동일인)	현대해상화재보험	현대하이카손해사정
	친족	-	에이치지이니셔티브
호반건설	김상열 (동일인) 김대헌 (2세)	호반건설 호반건설주택	우방이엔씨 스카이리빙 호반호텔앤리조트
	김민성 (2세)	호반건설산업/호반산업	티에스주택
홈플러스	-	홈플러스 (동일인)	홈플러스테스코
효성	조석래 (동일인) 조현준 (동일인, 2세) 조현상 (2세)	효성	효성ITX 노틸러스효성/ 효성티앤에스
	친족	-	트리니티에셋매니지먼트 신동진

2.2 14개 공기업집단

집단	주요 주주	주요 지배 회사	주요 계열회사
부산항만공사	-	부산항만공사 (동일인)	부산항만보안/부산항보안공사
서울메트로	-	서울메트로 (동일인)	서울메트로환경
서울특별시 도시철도공사	-	서울특별시 도시철도공사 (동일인)	서울도시철도엔지니어링
SH공사	-	SH공사 (동일인)	서울리츠임대주택제1호 위탁관리부동산투자회사
인천국제공항공사	-	인천국제공항공사 (동일인)	인천공항에너지
인천도시공사	-	인천도시공사 (동일인)	송도글로벌대학캠퍼스/ 인천글로벌캠퍼스
한국가스공사	-	한국가스공사 (동일인)	한국가스기술공사
한국도로공사	-	한국도로공사 (동일인)	한국건설관리공사
한국석유공사	-	한국석유공사 (동일인)	오일허브코리아여수 코리아오일터미널
한국수자원공사	-	한국수자원공사 (동일인)	워터웨이플러스
한국전력공사	-	한국전력공사 (동일인)	한국서부발전 한국남동발전
한국지역난방공사	-	한국지역난방공사 (동일인)	한국지역난방기술
한국철도공사	-	한국철도공사 (동일인)	코레일네트웍스
한국토지주택공사	-	한국토지주택공사 (동일인)	주택관리공단

3. 소유구조: 7유형별 및 단일·복합소유구조별

3.1 동일인 = 자연인: 70개 사기업집단

3.1.1 [유형 I] 주요 주주 = 동일인 1명: 32개 사기업집단

① 단일소유구조: 30개 집단

집단	주요 주주	주요 지배 회사	주요 계열회사
교보생명보험	신창재 (동일인)	교보생명보험	교보증권 교보문고
네이버	이해진 (동일인)	네이버	LINE Corp. 스노우 네이버아이앤에스 'A-Holdings → 　　Z-Holdings → 　　LINE Corporation'
넥슨	김정주 (동일인)	엔엑스씨	'Nexon Co., Ltd. → 　　넥슨코리아'
넷마블	방준혁 (동일인)	넷마블	미디어웹 넷마블엔투 코웨이
다우키움	김익래 (동일인)	다우데이타	'다우기술 → 　　키움증권'
대한전선	설윤석 (동일인)	티이씨리딩스	대한전선
동국제강	장세주 (동일인)	동국제강	인터지스 유니온스틸
메리츠금융	조정호 (동일인)	메리츠금융지주	메리츠종합금융증권
미래에셋	박현주 (동일인)	미래에셋자산운용 미래에셋캐피탈	미래에셋증권 미래에셋대우/ 　　미래에셋증권
삼양	김윤 (동일인)	삼양홀딩스	삼양사
CJ	이재현 (동일인)	CJ	CJ ENM CJ제일제당 CJ프레시웨이

집단	주요 주주	주요 지배 회사	주요 계열회사
아모레퍼시픽	서경배 (동일인)	아모레퍼시픽그룹	아모레퍼시픽
IMM 인베스트먼트	지성배 (동일인)	IMM	IMM인베스트먼트
SM	우오현 (동일인)	삼라	우방산업 신광 SM스틸 SM인더스트리
STX	강덕수 (동일인)	포스텍	STX
HDC	정몽규 (동일인)	현대산업개발/HDC	현대이피/HDC현대이피 HDC현대산업개발
웅진	윤석금 (동일인)	웅진홀딩스 웅진캐피탈	웅진씽크빅 극동건설 서울상호저축은행
유진	유경선 (동일인)	유진기업	유진투자증권 유진프라이빗에쿼티 동양
이랜드	박성수 (동일인)	이랜드월드	이랜드리테일 이랜드파크
카카오	김범수 (동일인)	카카오	케이벤처그룹/ 　카카오게임즈홀딩스 카카오인베스트먼트 카카오게임즈 로엔엔터테인먼트/ 　카카오엠 카카오엠 카카오엔터테인먼트 카카오모빌리티
코오롱	이웅열 (동일인)	코오롱	코오롱인더스트리 코오롱글로벌
하림	김홍국 (동일인)	제일홀딩스/하림지주	하림홀딩스 선진 팜스코 엔에스쇼핑
하이트진로	박문덕 (동일인)	하이트진로홀딩스	하이트진로

집단	주요 주주	주요 지배 회사	주요 계열회사
한국투자금융	김남구 (동일인)	한국투자금융지주	한국투자증권 이큐파트너스/한국투자 프라이빗에쿼티
한라	정몽원 (동일인)	한라건설/한라 한라홀딩스	만도 한라 '한라마이스터 → 한라'
한솔	이인희 (동일인)	한솔제지/한솔홀딩스	한솔피엔에스 한솔라이팅 한솔이엠이 한솔로지스틱스
한진중공업	조남호 (동일인)	한진중공업홀딩스	한진중공업 대륜E&S
현대	현정은 (동일인)	현대글로벌 현대엘리베이터	'현대로지스틱스 → 현대엘리베이터 → 현대상선' '현대엘리베이터 → 현대상선' 현대상선
현대백화점	정지선 (동일인)	현대백화점 현대그린푸드	'현대홈쇼핑 → 현대에이치씨엔/ 현대퓨처넷' 리바트/현대리바트
현대중공업	정몽준 (동일인)	현대중공업 현대로보틱스/ 현대중공업지주	현대삼호중공업 현대오일뱅크 현대중공업/한국조선해양

② 복합소유구조: 2개 집단

부영	이중근 (동일인)	부영	부영주택
	이중근	-	동광주택산업
태광	이호진 (동일인)	태광산업	티브로드홀딩스/티브로드 티시스
	이호진	-	흥국생명보험 티시스

3.1.2 [유형 II] 주요 주주 = 동일인 1명 + 특수관계인: 27개 사기업집단

(1) 주요 주주 = 동일인 1명 + 2세: 11개 집단

① 단일소유구조: 9개 집단

집단	주요 주주	주요 지배 회사	주요 계열회사
동양	현재현 (동일인) 현승담 (2세)	동양레저	동양
동원	김재철 (동일인) 김남정 (2세)	동원엔터프라이즈	동원산업 동원에프앤비
DB	김준기 (동일인) 김남호 (2세) 김주원 (2세)	동부씨엔아이/동부/ 　DB Inc. 동부화재해상보험/ 　DB손해보험 동부건설	동부하이텍/DB하이텍 동부한농/동부팜한농 동부증권/DB금융투자 동부건설 동부익스프레스
DL	이준용 (동일인) 이해욱 (2세)	대림코퍼레이션/대림	대림산업/DL
IS지주	권혁운 (동일인) 권민석 (2세) 권지혜 (2세)	IS지주	IS동서
영풍	장형진 (동일인) 장세준 (2세) 장세환 (2세)	영풍	고려아연 코리아써키트
중앙	홍석현 (동일인) 홍정도 (2세) 홍정인 (2세)	중앙홀딩스	제이콘텐트리 중앙일보 JTBC
KG	곽재선 (동일인) 곽정현 (2세) 곽혜은 (2세)	KG제로인	KG케미칼
태영	윤세영 (동일인) 윤석민 (2세)	태영건설 TY홀딩스	SBS미디어홀딩스 티에스케이워터/ 　티에스케이코퍼레이션 태영건설

② 복합소유구조: 2개 집단

집단	주요 주주	주요 지배 회사	주요 계열회사
신세계	이명희 (동일인) 정용진 (2세)	이마트	신세계프라프티
	이명희 정유경 (2세)	신세계	신세계인터내셔날
호반건설	김상열 (동일인) 김대헌 (2세)	호반건설 호반건설주택	우방이엔씨 스카이리빙 호반호텔앤리조트
	김민성 (2세)	호반건설산업/호반산업	티에스주택

(2) 주요 주주 = 동일인 1명 + 2세 + 친족: 6개 집단

① 단일소유구조: 1개 집단

금호석유화학	박찬구 (동일인) 박준경 (2세) 박철완 (조카)	금호석유화학	금호피앤비화학 코리아에너지발전소

② 복합소유구조: 5개 집단

반도홀딩스	권홍사 (동일인) 권재현 (2세)	반도홀딩스	반도종합건설 반도건설
	친족	-	반도개발
애경	장영신 (동일인) 채형석 (2세)	AK홀딩스	애경산업 에이엠플러스자산개발
	친족	-	AK아이에스
MDM	문주현 (동일인)	MDM	한국자산신탁
	문주현 문현정 (2세) 문초연 (2세)	MDM플러스	한국자산에셋운용
	친족	-	쏘울컬렉션

집단	주요 주주	주요 지배 회사	주요 계열회사
중흥건설	정창선 (동일인)	중흥건설	중흥개발
	정원주 (2세)	중흥토건	중흥에스클래스
	정원철 (2세)	시티글로벌	시티개발 헤럴드
	정창선 친족	-	중흥주택
한국타이어	조양래 (동일인) 조현식 (2세) 조현범 (2세)	한국타이어/ 　한국타이어월드와이드/ 　한국테크놀로지그룹/ 　한국앤컴퍼니	한국타이어/ 　한국타이어앤크놀로지 아트라스비엑스/ 　한국아트라스비엑스
	친족	-	신양월드레저

(3) 주요 주주 = 동일인 1명 + 2세 + 친족 + 비영리법인: 1개 집단

· 복합소유구조: 1개 집단

집단	주요 주주	주요 지배 회사	주요 계열회사
금호아시아나	박삼구 (동일인) 박세창 (2세)	금호산업 금호기업 금호홀딩스/금호고속	아시아나항공 '금호산업/금호건설 　→ 아시아나항공'
	친족 비영리법인	-	금호석유화학 케이에이

(4) 주요 주주 = 동일인 1명 + 친족: 9개 집단

① 단일소유구조: 1개 집단

집단	주요 주주	주요 지배 회사	주요 계열회사
삼천리	이만득 (동일인) 이은백 (조카)	삼천리 삼탄/에스티인터내셔널 코퍼레이션	삼천리이에스 삼천리자산운용 동해임산

② 복합소유구조: 8개 집단

집단	주요 주주	주요 지배 회사	주요 계열회사
대성	김영대 (동일인)	대성합동지주	대성산업
	친족	-	제이헨
	김영민 (형제)	서울도시개발	서울도시가스
	친족	-	서울도시산업 에스씨지솔루션즈
	김영훈 (형제)	대성홀딩스	대성에너지
	김영훈	-	알앤알
셀트리온	서정진 (동일인)	셀트리온홀딩스	셀트리온
	서정진 친족	-	셀트리온헬스케어 셀트리온헬스케어홀딩스

SK	최태원 (동일인)	SKC&C/SK	'SK →
			   SK이노베이션,
			   SK텔레콤, SKC,
			   SKE&S'
			SK이노베이션
			SK텔레콤
			SKC
			SKE&S

	친족	SK케미칼/SK디스커버리	SK가스
장금상선	정태순 (동일인)	장금상선	흥아라인 조강해운
	친족	-	장금마리타임
GS	허창수 (동일인)	GS GS건설	GS에너지 GS리테일 GS이앤알
	친족	-	코스모앤컴퍼니 삼양통상
KCC	정몽진 (동일인)	KCC	KCC건설
	정몽진 친족	-	금강레저 동주피앤지

집단	주요 주주	주요 지배 회사	주요 계열회사
한화	김승연 (동일인)	한화	한화케미칼/한화솔루션 한화건설
	친족	-	한화에스앤씨/ 에이치솔루션
현대해상 화재보험	정몽윤 (동일인)	현대해상화재보험	현대하이카손해사정
	친족	-	에이치지이니셔티브

3.1.3 [유형 III] 주요 주주 = 동일인 2명 [1명 → 1명 (2세)]: 5개 사기업집단

· 단일소유구조: 5개 집단

두산	박용곤 (동일인) 박정원 (동일인, 2세)	두산	두산중공업 디아이피홀딩스
삼성	이건희 (동일인) 이재용 (동일인, 2세)	삼성에버랜드/ 제일모직/삼성물산	'삼성생명보험 → 삼성전자'
LG	구본무 (동일인) 구광모 (동일인, 2세)	LG	LG전자 LG유플러스 LG생활건강
한진	조양호 (동일인) 조원태 (동일인, 2세)	정석기업 한진 한진칼	'한진 → 대한항공' '대한항공 → 한진해운' 한진칼 대한항공 한진
현대자동차	정몽구 (동일인) 정의선 (동일인, 2세)	현대자동차 현대모비스	기아자동차/기아 현대건설

3.1.4 [유형 IV] 주요 주주 = 동일인 2명 + 특수관계인: 5개 사기업집단

(1) 주요 주주 = 동일인 2명 [1명 → 1명 (2세)] + 2세 + 친족: 1개 집단

· 복합소유구조: 1개 집단

집단	주요 주주	주요 지배 회사	주요 계열회사
효성	조석래 (동일인) 조현준 (동일인, 2세) 조현상 (2세)	효성	효성ITX 노틸러스효성/ 효성티앤에스
	친족	-	트리니티에셋매니지먼트 신동진

(2) 주요 주주 = 동일인 2명 [1명 → 1명 (2세)] + 친족: 2개 집단

· 복합소유구조: 2개 집단

집단	주요 주주	주요 지배 회사	주요 계열회사
LS	구태회 (동일인) 구자홍 (동일인, 2세) 구자열 (조카)	LS	LS산전/LS일렉트릭 LS전선
	구태회 구자홍	예스코/예스코홀딩스	한성 예스코
	친족	이원	LS네트웍스
OCI	이수영 (동일인) 이우현 (동일인, 2세)	OCI	OCI머티리얼즈 OCI정보통신 OCI파워 삼광유리/삼광글라스
	친족	OCI상사/ 　유니드글로벌상사	유니드 '유니드 → 　삼광글라스/SGC에너지'

(3) 주요 주주 = 동일인 2명 [1명 → 1명 (2세)] + 기타: 1개 집단

· 복합소유구조: 1개 집단

집단	주요 주주	주요 지배 회사	주요 계열회사
롯데	신격호 (동일인) 신동빈 (동일인, 2세)	롯데제과/롯데지주	롯데쇼핑 롯데케미칼
	-	호텔롯데	롯데쇼핑 롯데물산

(4) 주요 주주 = 동일인 2명 [1명 → 1명 (친족)] + 친족: 1개 집단

· 단일소유구조: 1개 집단

세아	이운형 (동일인) 이순형 (동일인, 형제) 이주성 (이순형 2세)	세아홀딩스 에이팩인베스터스	한국번디/세아에프에스 세아베스틸 세아제강/세아제강지주

3.1.5 [유형 V] 주요 주주 = 특수관계인: 1개 사기업집단

· 복합소유구조: 1개 집단

대방건설	구찬우 (동일인 2세)	대방건설	대방주택
	구수진 (동일인 2세)	대방산업개발	엘리움

3.2 동일인 = 법인: 27개 집단

3.2.1 [유형 VI] 주요 주주 = 동일인 1개 법인 [민간단체]: 1개 사기업집단

· 단일소유구조: 1개 집단

집단	주요 주주	주요 지배 회사	주요 계열회사
농협	농협중앙회 (동일인)	농협금융지주 농협경제지주	농협은행 NH농협증권 농협사료 NH투자증권

3.2.2 [유형 VII] 주요 주주 = 기타: 26개 집단

(1) 주요 지배 회사 = 동일인 1개 법인 [사기업]: 12개 사기업집단

· 단일소유구조: 12개 집단

대우건설	-	대우건설 (동일인)	대우에스티
대우조선해양	-	대우조선해양 (동일인)	디섹 대우조선해양건설 한국선박금융 대한조선
S-Oil	-	S-Oil (동일인)	S-Oil토탈윤활유
HMM	-	HMM (동일인)	현대상선퍼시픽/ HMM퍼시픽
KT	-	KT (동일인)	KT캐피탈 비씨카드 KT스카이라이프 KT에스테이트
KT&G	-	KT&G (동일인)	한국인삼공사 영진약품공업/영진약품
코닝정밀소재	-	삼성코닝 정밀소재 (동일인)	글로벌텍
쿠팡	-	쿠팡 (동일인)	씨피엘비 쿠팡페이

집단	주요 주주	주요 지배 회사	주요 계열회사
POSCO	-	POSCO (동일인)	POSCO강판 POSCO건설 POSCO에너지
한국GM	-	한국GM (동일인)	GM코리아 GM테크니컬센터코리아
한국항공 우주산업	-	한국항공 우주산업 (동일인)	에스앤케이항공
홈플러스	-	홈플러스 (동일인)	홈플러스테스코

(2) 주요 지배 회사 = 동일인 1개 법인 [공기업]: 14개 공기업집단

· 단일소유구조: 14개 집단

집단	주요 주주	주요 지배 회사	주요 계열회사
부산항만공사	-	부산항만공사 (동일인)	부산항만보안/부산항보안공사
서울메트로	-	서울메트로 (동일인)	서울메트로환경
서울특별시 도시철도공사	-	서울특별시 도시철도공사 (동일인)	서울도시철도엔지니어링
SH공사	-	SH공사 (동일인)	서울리츠임대주택제1호 위탁관리부동산투자회사
인천국제공항공사	-	인천국제공항공사 (동일인)	인천공항에너지
인천도시공사	-	인천도시공사 (동일인)	송도글로벌대학캠퍼스/ 인천글로벌캠퍼스
한국가스공사	-	한국가스공사 (동일인)	한국가스기술공사
한국도로공사	-	한국도로공사 (동일인)	한국건설관리공사
한국석유공사	-	한국석유공사 (동일인)	오일허브코리아여수 코리아오일터미널
한국수자원공사	-	한국수자원공사 (동일인)	워터웨이플러스
한국전력공사	-	한국전력공사 (동일인)	한국서부발전 한국남동발전
한국지역난방공사	-	한국지역난방공사 (동일인)	한국지역난방기술
한국철도공사	-	한국철도공사 (동일인)	코레일네트웍스
한국토지주택공사	-	한국토지주택공사 (동일인)	주택관리공단

4. 소유구조: 단일·복합소유구조별 및 7유형별

4.1 동일인 = 자연인: 70개 사기업집단

4.1.1 단일소유구조: 47개 사기업집단

(1) [유형 I] 주요 주주 = 동일인 1명: 30개 집단

집단	주요 주주	주요 지배 회사	주요 계열회사
교보생명보험	신창재 (동일인)	교보생명보험	교보증권 교보문고

네이버	이해진 (동일인)	네이버	LINE Corp.
			스노우
			네이버아이앤에스
			'A-Holdings →
			  Z-Holdings →
			  LINE Corporation'

넥슨	김정주 (동일인)	엔엑스씨	'Nexon Co., Ltd. → 넥슨코리아'
넷마블	방준혁 (동일인)	넷마블	미디어웹 넷마블엔투 코웨이
다우키움	김익래 (동일인)	다우데이타	'다우기술 → 키움증권'
대한전선	설윤석 (동일인)	티이씨리딩스	대한전선
동국제강	장세주 (동일인)	동국제강	인터지스 유니온스틸
메리츠금융	조정호 (동일인)	메리츠금융지주	메리츠종합금융증권
미래에셋	박현주 (동일인)	미래에셋자산운용 미래에셋캐피탈	미래에셋증권 미래에셋대우/ 미래에셋증권
삼양	김윤 (동일인)	삼양홀딩스	삼양사

집단	주요 주주	주요 지배 회사	주요 계열회사
CJ	이재현 (동일인)	CJ	CJ ENM CJ제일제당 CJ프레시웨이
아모레퍼시픽	서경배 (동일인)	아모레퍼시픽그룹	아모레퍼시픽
IMM 인베스트먼트	지성배 (동일인)	IMM	IMM인베스트먼트
SM	우오현 (동일인)	삼라	우방산업 신광 SM스틸 SM인더스트리
STX	강덕수 (동일인)	포스텍	STX
HDC	정몽규 (동일인)	현대산업개발/HDC	현대이피/HDC현대이피 HDC현대산업개발
웅진	윤석금 (동일인)	웅진홀딩스 웅진캐피탈	웅진씽크빅 극동건설 서울상호저축은행
유진	유경선 (동일인)	유진기업	유진투자증권 유진프라이빗에쿼티 동양
이랜드	박성수 (동일인)	이랜드월드	이랜드리테일 이랜드파크

카카오	김범수 (동일인)	카카오	케이벤처그룹/
			  카카오게임즈홀딩스
			카카오인베스트먼트
			카카오게임즈
			로엔엔터테인먼트/
			  카카오엠
			카카오엠
			카카오엔터테인먼트
			카카오모빌리티

코오롱	이웅열 (동일인)	코오롱	코오롱인더스트리 코오롱글로벌

집단	주요 주주	주요 지배 회사	주요 계열회사
하림	김홍국 (동일인)	제일홀딩스/하림지주	하림홀딩스 선진 팜스코 엔에스쇼핑
하이트진로	박문덕 (동일인)	하이트진로홀딩스	하이트진로
한국투자금융	김남구 (동일인)	한국투자금융지주	한국투자증권 이큐파트너스/한국투자 　　프라이빗에쿼티
한라	정몽원 (동일인)	한라건설/한라 한라홀딩스	만도 한라 '한라마이스터 → 　　한라'
한솔	이인희 (동일인)	한솔제지/한솔홀딩스	한솔피엔에스 한솔라이팅 한솔이엠이 한솔로지스틱스
한진중공업	조남호 (동일인)	한진중공업홀딩스	한진중공업 대륜E&S
현대	현정은 (동일인)	현대글로벌 현대엘리베이터	'현대로지스틱스 → 　　현대엘리베이터 → 　　현대상선' '현대엘리베이터 → 　　현대상선' 현대상선
현대백화점	정지선 (동일인)	현대백화점 현대그린푸드	'현대홈쇼핑 → 　　현대에이치씨엔/ 　　현대퓨처넷' 리바트/현대리바트
현대중공업	정몽준 (동일인)	현대중공업 현대로보틱스/ 　　현대중공업지주	현대삼호중공업 현대오일뱅크 현대중공업/한국조선해양

(2) [유형 II] 주요 주주 = 동일인 1명 + 특수관계인: 11개 집단

① 주요 주주 = 동일인 1명 + 2세: 9개 집단

집단	주요 주주	주요 지배 회사	주요 계열회사
동양	현재현 (동일인) 현승담 (2세)	동양레저	동양
동원	김재철 (동일인) 김남정 (2세)	동원엔터프라이즈	동원산업 동원에프앤비
DB	김준기 (동일인) 김남호 (2세) 김주원 (2세)	동부씨엔아이/동부/ 　DB Inc. 동부화재해상보험/ 　DB손해보험 동부건설	동부하이텍/DB하이텍 동부한농/동부팜한농 동부증권/DB금융투자 동부건설 동부익스프레스
DL	이준용 (동일인) 이해욱 (2세)	대림코퍼레이션/대림	대림산업/DL
IS지주	권혁운 (동일인) 권민석 (2세) 권지혜 (2세)	IS지주	IS동서
영풍	장형진 (동일인) 장세준 (2세) 장세환 (2세)	영풍	고려아연 코리아써키트
중앙	홍석현 (동일인) 홍정도 (2세) 홍정인 (2세)	중앙홀딩스	제이콘텐트리 중앙일보 JTBC
KG	곽재선 (동일인) 곽정현 (2세) 곽혜은 (2세)	KG제로인	KG케미칼
태영	윤세영 (동일인) 윤석민 (2세)	태영건설 TY홀딩스	SBS미디어홀딩스 티에스케이워터/ 　티에스케이코퍼레이션 태영건설

② 주요 주주 = 동일인 1명 + 2세 + 친족: 1개 집단

금호석유화학	박찬구 (동일인) 박준경 (2세) 박철완 (조카)	금호석유화학	금호피앤비화학 코리아에너지발전소

③ 주요 주주 = 동일인 1명 + 친족: 1개 집단

집단	주요 주주	주요 지배 회사	주요 계열회사
삼천리	이만득 (동일인) 이은백 (조카)	삼천리 삼탄/에스티인터내셔널 코퍼레이션	삼천리이에스 삼천리자산운용 동해임산

(3) [유형 III] 주요 주주 = 동일인 2명 [1명 → 1명 (2세)]: 5개 집단

두산	박용곤 (동일인) 박정원 (동일인, 2세)	두산	두산중공업 디아이피홀딩스
삼성	이건희 (동일인) 이재용 (동일인, 2세)	삼성에버랜드/ 제일모직/삼성물산	'삼성생명보험 → 삼성전자'
LG	구본무 (동일인) 구광모 (동일인, 2세)	LG	LG전자 LG유플러스 LG생활건강
한진	조양호 (동일인) 조원태 (동일인, 2세)	정석기업 한진 한진칼	'한진 → 대한항공' '대한항공 → 한진해운' 한진칼 대한항공 한진
현대자동차	정몽구 (동일인) 정의선 (동일인, 2세)	현대자동차 현대모비스	기아자동차/기아 현대건설

(4) [유형 IV] 주요 주주 = 동일인 2명 + 특수관계인: 1개 집단

· 주요 주주 = 동일인 2명 [1명 → 1명 (친족)] + 친족: 1개 집단

세아	이운형 (동일인) 이순형 (동일인, 형제) 이주성 (이순형 2세)	세아홀딩스 에이팩인베스터스	한국번디/세아에프에스 세아베스틸 세아제강/세아제강지주

4.1.2 복합소유구조: 23개 사기업집단

(1) [유형 I] 주요 주주 = 동일인 1명: 2개 집단

집단	주요 주주	주요 지배 회사	주요 계열회사
부영	이중근 (동일인)	부영	부영주택
	이중근	-	동광주택산업
태광	이호진 (동일인)	태광산업	티브로드홀딩스/티브로드 티시스
	이호진	-	흥국생명보험 티시스

(2) [유형 II] 주요 주주 = 동일인 1명 + 특수관계인: 16개 집단

① 주요 주주 = 동일인 1명 + 2세: 2개 집단

신세계	이명희 (동일인) 정용진 (2세)	이마트	신세계프라프티
	이명희 정유경 (2세)	신세계	신세계인터내셔날
호반건설	김상열 (동일인) 김대헌 (2세)	호반건설 호반건설주택	우방이엔씨 스카이리빙 호반호텔앤리조트
	김민성 (2세)	호반건설산업/호반산업	티에스주택

② 주요 주주 = 동일인 1명 + 2세 + 친족: 5개 집단

반도홀딩스	권홍사 (동일인) 권재현 (2세)	반도홀딩스	반도종합건설 반도건설
	친족	-	반도개발
애경	장영신 (동일인) 채형석 (2세)	AK홀딩스	애경산업 에이엠플러스자산개발
	친족	-	AK아이에스

집단	주요 주주	주요 지배 회사	주요 계열회사
MDM	문주현 (동일인)	MDM	한국자산신탁
	문주현 문현정 (2세) 문초연 (2세)	MDM플러스	한국자산에셋운용
	친족	-	쏘울컬렉션
중흥건설	정창선 (동일인)	중흥건설	중흥개발
	정원주 (2세)	중흥토건	중흥에스클래스
	정원철 (2세)	시티글로벌	시티개발 헤럴드
	정창선 친족	-	중흥주택
한국타이어	조양래 (동일인) 조현식 (2세) 조현범 (2세)	한국타이어/ 한국타이어월드와이드/ 한국테크놀로지그룹/ 한국앤컴퍼니	한국타이어/ 한국타이어앤크놀로지 아트라스비엑스/ 한국아트라스비엑스
	친족	-	신양월드레저

③ 주요 주주 = 동일인 1명 + 2세 + 친족 + 비영리법인: 1개 집단

금호아시아나	박삼구 (동일인) 박세창 (2세)	금호산업 금호기업 금호홀딩스/금호고속	아시아나항공 '금호산업/금호건설 → 아시아나항공'
	친족 비영리법인	-	금호석유화학 케이에이

④ 주요 주주 = 동일인 1명 + 친족: 8개 집단

대성	김영대 (동일인)	대성합동지주	대성산업
	친족	-	제이헨
	김영민 (형제)	서울도시개발	서울도시가스
	친족	-	서울도시산업 에스씨지솔루션즈
	김영훈 (형제)	대성홀딩스	대성에너지
	김영훈	-	알앤알

집단	주요 주주	주요 지배 회사	주요 계열회사
셀트리온	서정진 (동일인)	셀트리온홀딩스	셀트리온
	서정진 친족	-	셀트리온헬스케어 셀트리온헬스케어홀딩스
SK	최태원 (동일인)	SKC&C/SK	'SK → 　SK이노베이션, 　SK텔레콤, SKC, 　SKE&S' SK이노베이션 SK텔레콤 SKC SKE&S
	친족	SK케미칼/SK디스커버리	SK가스
장금상선	정태순 (동일인)	장금상선	흥아라인 조강해운
	친족	-	장금마리타임
GS	허창수 (동일인)	GS GS건설	GS에너지 GS리테일 GS이앤알
	친족	-	코스모앤컴퍼니 삼양통상
KCC	정몽진 (동일인)	KCC	KCC건설
	정몽진 친족	-	금강레저 동주피앤지
한화	김승연 (동일인)	한화	한화케미칼/한화솔루션 한화건설
	친족	-	한화에스앤씨/ 　에이치솔루션
현대해상 화재보험	정몽윤 (동일인)	현대해상화재보험	현대하이카손해사정
	친족	-	에이치지이니셔티브

(3) [유형 IV] 주요 주주 = 동일인 2명 + 특수관계인: 4개 집단

① 주요 주주 = 동일인 2명 [1명 → 1명 (2세)] + 2세 + 친족: 1개 집단

집단	주요 주주	주요 지배 회사	주요 계열회사
효성	조석래 (동일인) 조현준 (동일인, 2세) 조현상 (2세)	효성	효성ITX 노틸러스효성/ 효성티앤에스
	친족	-	트리니티에셋매니지먼트 신동진

② 주요 주주 = 동일인 2명 [1명 → 1명 (2세)] + 친족: 2개 집단

집단	주요 주주	주요 지배 회사	주요 계열회사
LS	구태회 (동일인) 구자홍 (동일인, 2세) 구자열 (조카)	LS	LS산전/LS일렉트릭 LS전선
	구태회 구자홍	예스코/예스코홀딩스	한성 예스코
	친족	이원	LS네트웍스
OCI	이수영 (동일인) 이우현 (동일인, 2세)	OCI	OCI머티리얼즈 OCI정보통신 OCI파워 삼광유리/삼광글라스

	친족	OCI상사/
		  유니드글로벌상사
			유니드
			'유니드 →
			  삼광글라스/SGC에너지'

③ 주요 주주 = 동일인 2명 [1명 → 1명 (2세)] + 기타: 1개 집단

집단	주요 주주	주요 지배 회사	주요 계열회사
롯데	신격호 (동일인) 신동빈 (동일인, 2세)	롯데제과/롯데지주	롯데쇼핑 롯데케미칼
	-	호텔롯데	롯데쇼핑 롯데물산

(4) [유형 V] 주요 주주 = 특수관계인: 1개 집단

대방건설	구찬우 (동일인 2세)	대방건설	대방주택
	구수진 (동일인 2세)	대방산업개발	엘리움

4.2 동일인 = 법인: 27개 집단

4.2.1 단일소유구조: 13개 사기업집단

(1) [유형 VI] 주요 주주 = 동일인 1개 법인 [민간단체]: 1개 집단

집단	주요 주주	주요 지배 회사	주요 계열회사
농협	농협중앙회 (동일인)	농협금융지주 농협경제지주	농협은행 NH농협증권 농협사료 NH투자증권

(2) [유형 VII] 주요 주주 = 기타: 12개 집단

· 주요 지배 회사 = 동일인 1개 법인 [사기업]: 12개 집단

대우건설	-	대우건설 (동일인)	대우에스티
대우조선해양	-	대우조선해양 (동일인)	디섹 대우조선해양건설 한국선박금융 대한조선
S-Oil	-	S-Oil (동일인)	S-Oil토탈윤활유
HMM	-	HMM (동일인)	현대상선퍼시픽/ HMM퍼시픽
KT	-	KT (동일인)	KT캐피탈 비씨카드 KT스카이라이프 KT에스테이트
KT&G	-	KT&G (동일인)	한국인삼공사 영진약품공업/영진약품
코닝정밀소재	-	삼성코닝 정밀소재 (동일인)	글로벌텍
쿠팡	-	쿠팡 (동일인)	씨피엘비 쿠팡페이
POSCO	-	POSCO (동일인)	POSCO강판 POSCO건설 POSCO에너지

집단	주요 주주	주요 지배 회사	주요 계열회사
한국GM	-	한국GM (동일인)	GM코리아 GM테크니컬센터코리아
한국항공 우주산업	-	한국항공 우주산업 (동일인)	에스앤케이항공
홈플러스	-	홈플러스 (동일인)	홈플러스테스코

4.2.2 단일소유구조: 14개 공기업집단

· [유형 Ⅶ] 주요 주주 = 기타: 14개 집단

· 주요 지배 회사 = 동일인 1개 법인 [공기업]: 14개 집단

집단	주요 주주	주요 지배 회사	주요 계열회사
부산항만공사	-	부산항만공사 (동일인)	부산항만보안/부산항보안공사
서울메트로	-	서울메트로 (동일인)	서울메트로환경
서울특별시 도시철도공사	-	서울특별시 도시철도공사 (동일인)	서울도시철도엔지니어링
SH공사	-	SH공사 (동일인)	서울리츠임대주택제1호 위탁관리부동산투자회사
인천국제공항공사	-	인천국제공항공사 (동일인)	인천공항에너지
인천도시공사	-	인천도시공사 (동일인)	송도글로벌대학캠퍼스/ 인천글로벌캠퍼스
한국가스공사	-	한국가스공사 (동일인)	한국가스기술공사
한국도로공사	-	한국도로공사 (동일인)	한국건설관리공사
한국석유공사	-	한국석유공사 (동일인)	오일허브코리아여수 코리아오일터미널
한국수자원공사	-	한국수자원공사 (동일인)	워터웨이플러스
한국전력공사	-	한국전력공사 (동일인)	한국서부발전 한국남동발전
한국지역난방공사	-	한국지역난방공사 (동일인)	한국지역난방기술
한국철도공사	-	한국철도공사 (동일인)	코레일네트웍스
한국토지주택공사	-	한국토지주택공사 (동일인)	주택관리공단

제5장
97개 기업집단: 집단별 소유구조

1. 교보생명보험그룹: 2012-2021년

연도	동일인	순위 (위)	계열회사 (개)	자산총액 (10억 원)	매출액 (10억 원)	당기순이익 (10억 원)
2012	신창재	46	13	5,708	14,546	674
2013	신창재	44	12	6,296	14,648	585
2014	신창재	42	13	7,124	14,763	593
2015	신창재	39	13	7,919	13,856	528
2016	신창재	34	13	8,518	14,425	686
2017	신창재	34	14	8,875	14,614	580
2018	신창재	30	14	10,901	15,566	711
2019	신창재	27	14	11,663	14,904	619
2020	신창재	25	13	13,580	15,706	641
2021	신창재	26	12	14,413	18,815	512

	[소유구조]
주요 주주	신창재 (동일인)
주요 지배 회사	교보생명보험
주요 계열회사	교보증권, 교보문고

◆ 신창재 → 교보생명보험 → 계열회사 ◆

① [주요 주주]

　　1명.

　　신창재 (동일인).

　　지분: 33.8%.

② [주요 지배 회사]

　　1개.

　　교보생명보험.

③ [계열회사]

　　유형: 자회사 → 손자회사.

　　주요 회사: 2개 (2개씩 관련).

　　　　교보증권 (상장), 교보문고.

2. 금호석유화학그룹: 2016-2021년

연도	동일인	순위 (위)	계열회사 (개)	자산총액 (10억 원)	매출액 (10억 원)	당기순이익 (10억 원)
2016	박찬구	52	10	5,140	5,017	151
2017	박찬구	54	11	5,683	5,046	94
2018	박찬구	55	11	5,756	6,443	309
2019	박찬구	55	11	5,832	7,212	577
2020	박찬구	59	12	5,710	6,305	375
2021	박찬구	55	15	6,665	6,186	650

	[소유구조]
주요 주주	박찬구 (동일인), 박준경 (2세), 박철완 (조카)
주요 지배 회사	금호석유화학
주요 계열회사	금호피앤비화학, 코리아에너지발전소

◆ 박찬구, 박준경, 박철완 → 금호석유화학 → 계열회사 ◆

① [주요 주주]

　3명 (2-3명씩 지분 보유).

　박찬구 (동일인) ‖ 박준경 (2세) ‖ 박철완 (조카; 동일인 형 박정구의 2세).

　지분: 6.1% (6년; 2016-2021년) ‖ 6.5% (6년; 2016-2021년) ‖

　　　9.1% (4년; 2017-2020년).

② [주요 지배 회사]

　1개.

　금호석유화학 (상장).

③ [계열회사]

　유형: 자회사 → 손자회사.

　주요 회사: 2개 (2개씩 관련).

　　　　금호피앤비화학, 코리아에너지발전소.

3. 금호아시아나그룹: 2012-2021년

연도	동일인	순위 (위)	계열회사 (개)	자산총액 (10억 원)	매출액 (10억 원)	당기순이익 (10억 원)
2012	박삼구	16	25	19,099	18,598	625
2013	박삼구	19	24	17,037	18,221	3
2014	박삼구	18	26	18,261	17,083	-21
2015	박삼구	18	26	18,828	16,835	233
2016	박삼구	20	24	15,246	10,640	-138
2017	박삼구	19	28	15,615	10,762	264
2018	박삼구	25	26	11,885	8,634	297
2019	박삼구	28	27	11,435	9,731	-14
2020	박삼구	20	27	17,579	9,705	-913
2021	박삼구	22	27	17,442	6,261	-783

	[소유구조]		
주요 주주	박삼구 (동일인), 박세창 (2세)	친족, 비영리법인
주요 지배 회사	금호산업, 금호기업, 금호홀딩스/금호고속	-
주요 계열회사	아시아나항공, '금호산업/금호건설 → 아시아나항공'	금호석유화학, 케이에이

◆ {박삼구, 박세창 → 금호산업, 금호기업, 금호홀딩스/금호고속 → 계열회사} +

{친족, 비영리법인 → 계열회사2} ◆

① [주요 주주]

2명 (1-2명씩 지분 보유).

박삼구 (동일인) ‖ 박세창 (2세).

지분: 5.1-38.8% (9년; 2013-2021년) ‖ 0.01-24.4% (10년; 2012-2021년).

② [주요 지배 회사]

3개 (1개씩 관련).

금호산업 (상장)(4년; 2012-2015년), 금호기업 (1년; 2016년),

금호홀딩스 / 금호고속 (5년; 2017-2021년).

③ [계열회사]

　　유형: 자회사 → 손자회사 (2년; 2012-2013년),

　　　　　자회사 → 손자회사 → 증손회사 (8년; 2014-2021년).

　　주요 회사: 2개 (1-2개씩 관련).

　　　　　　　아시아나항공 (상장), '금호산업 / 금호건설 (상장) → 아시아나항공'.

　　　　　* 계열회사2: 2개 (1-2개씩 관련).

　　　　　　　금호석유화학 (상장), 케이에이.

④ 금호터미널: 금호홀딩스 (2016년 8월 금호기업 합병 후 상호 변경),

　　　　　　　금호고속 (2018년 3월 상호 변경).

　　금호산업: 금호건설 (2021년 3월 상호 변경).

4. 네이버그룹: 2017-2021년

연도	동일인	순위 (위)	계열회사 (개)	자산총액 (10억 원)	매출액 (10억 원)	당기순이익 (10억 원)
2017	이해진	51	71	6,614	4,989	622
2018	이해진	49	45	7,144	4,215	829
2019	이해진	45	42	8,266	4,824	710
2020	이해진	41	43	9,491	5,608	783
2021	이해진	27	45	13,584	6,674	866

	[소유구조]
주요 주주	이해진 (동일인)
주요 지배 회사	네이버
주요 계열회사	LINE Corp., 스노우, 네이버아이앤에스, 'A-Holdings → Z-Holdings → LINE Corporation'

◆ 이해진 → 네이버 → 계열회사 ◆

① [주요 주주]

　　1명.

　　이해진 (동일인).

　　지분: 3.7-4.3%.

② [주요 지배 회사]

　　1개.

　　네이버 (상장).

③ [계열회사]

　　유형: 자회사 → 손자회사 → 증손회사.

　　주요 회사: 6개 (3-5개씩 관련).

　　　　LINE Corp. (상장, 해외), 스노우, 네이버아이앤에스,

　　　　'A-Holdings (해외) → Z-Holdings (상장, 해외) →

　　　　LINE Corporation (해외)'.

5. 넥슨그룹: 2017-2021년

연도	동일인	순위 (위)	계열회사 (개)	자산총액 (10억 원)	매출액 (10억 원)	당기순이익 (10억 원)
2017	김정주	56	22	5,538	1,891	833
2018	김정주	52	22	6,721	2,372	1,054
2019	김정주	47	21	7,900	2,421	1,257
2020	김정주	42	18	9,465	2,561	1,449
2021	김정주	34	18	11,998	3,272	1,165

	[소유구조]
주요 주주	김정주 (동일인)
주요 지배 회사	엔엑스씨
주요 계열회사	'Nexon Co., Ltd. → 넥슨코리아'

◆ 김정주 → 엔엑스씨 → 계열회사 ◆

① [주요 주주]

　1명.

　김정주 (동일인).

　지분: 67.49-67.5%.

② [주요 지배 회사]

　1개.

　엔엑스씨.

③ [계열회사]

　유형: 자회사 → 손자회사 → 증손회사.

　주요 회사: 2개 (2개씩 관련).

　　　　'Nexon Co., Ltd. (상장, 해외) → 넥슨코리아'.

6. 넷마블그룹: 2018-2021년

연도	동일인	순위 (위)	계열회사 (개)	자산총액 (10억 원)	매출액 (10억 원)	당기순이익 (10억 원)
2018	방준혁	57	26	5,662	2,217	292
2019	방준혁	57	23	5,500	1,625	126
2020	방준혁	47	25	8,315	4,397	387
2021	방준혁	36	23	10,703	4,731	475

	[소유구조]
주요 주주	방준혁 (동일인)
주요 지배 회사	넷마블
주요 계열회사	미디어웹, 넷마블엔투, 코웨이

◆ 방준혁 → 넷마블 → 계열회사 ◆

① [주요 주주]

　　1명.

　　방준혁 (동일인).

　　지분: 24.1-24.26%.

② [주요 지배 회사]

　　1개.

　　넷마블 (상장).

③ [계열회사]

　　유형: 자회사 → 손자회사 (2018-2019년),

　　　　　자회사 → 손자회사 → 증손회사 (2020-2021년).

　　주요 회사: 3개 (2-3개씩 관련).

　　　　　　　미디어웹, 넷마블엔투, 코웨이 (상장).

7. 농협그룹: 2012-2021년

연도	동일인	순위 (위)	계열회사 (개)	자산총액 (10억 원)	매출액 (10억 원)	당기순이익 (10억 원)
2012	농협중앙회	34	41	8,627	7,339	130
2013	농협중앙회	9	34	38,942	30,772	714
2014	농협중앙회	9	32	40,767	34,759	1,034
2015	농협중앙회	9	39	45,463	39,032	770
2016	농협중앙회	10	45	50,104	46,567	1,150
2017	농협중앙회	10	81	50,806	49,619	957
2018	농협중앙회	9	49	58,089	54,006	1,325
2019	농협중앙회	9	44	59,176	52,725	1,708
2020	농협중앙회	10	58	60,596	56,233	2,096
2021	농협중앙회	10	58	63,552	59,309	2,997

	[소유구조]	
주요 주주	농협중앙회 (동일인)	
주요 지배 회사	농협금융지주, 농협경제지주	
주요 계열회사	농협은행, NH농협증권, 농협사료, NH투자증권	

◆ 농협중앙회 → 농협금융지주, 농협경제지주 → 계열회사 ◆

① [주요 주주]

　　1개 민간단체.

　　농업협동조합중앙회 (= 농협중앙회; 동일인).

　　지분: 100%.

② [주요 지배 회사]

　　2개 (2개씩 관련).

　　농협금융지주, 농협경제지주.

③ [계열회사]

　　유형: 자회사 → 손자회사 (4년; 2013-2015, 2019년),

　　　　　자회사 → 손자회사 → 증손회사 (6년; 2012, 2016-2018, 2020-2021년).

　　주요 회사: 4개 (3개씩 관련).

　　　　　　　농협은행, NH농협증권 (= 농협증권; 상장), 농협사료, NH투자증권 (상장).

④ 우리투자증권: NH투자증권 (2014년 6월 농협그룹 편입, 12월 NH농협증권 합병 후

　　　　　　　　　　상호 변경).

8. 다우키움그룹: 2019-2021년

연도	동일인	순위 (위)	계열회사 (개)	자산총액 (10억 원)	매출액 (10억 원)	당기순이익 (10억 원)
2019	김익래	59	57	5,042	2,835	324
2020	김익래	58	48	5,722	3,712	476
2021	김익래	56	45	6,593	5,116	851

	[소유구조]
주요 주주	김익래 (동일인)
주요 지배 회사	다우데이타
주요 계열회사	'다우기술 → 키움증권'

◆ 김익래 → 다우데이타 → 계열회사 ◆

① [주요 주주]

　　1명.

　　김익래 (동일인).

　　지분: 31.8-40.6%.

② [주요 지배 회사]

　　1개.

　　다우데이타 (상장).

③ [계열회사]

　　유형: 자회사 → 손자회사 → 증손회사.

　　주요 회사: 2개 (2개씩 관련).

　　　　　'다우기술 (상장) → 키움증권 (상장)'.

9. 대방건설그룹: 2021년

연도	동일인	순위 (위)	계열회사 (개)	자산총액 (10억 원)	매출액 (10억 원)	당기순이익 (10억 원)
2021	구교운	66	43	5,326	3,448	513

	[소유구조]	
주요 주주	구찬우 (동일인 2세)	구수진 (동일인 2세)
주요 지배 회사	대방건설	대상산업개발
주요 계열회사	대방주택	엘리움

◆ {구찬우 → 대방건설 → 계열회사} +

　{구수진 → 대방산업개발 → 계열회사} ◆

① [주요 주주]

　2명 (1명씩 독립적으로 지분 보유).

　구찬우 (동일인 2세; 아들, 오빠) ‖ 구수진 (동일인 2세; 딸, 동생).

　지분: 71% ‖ 50%.

② [주요 지배 회사]

　2개 (1개씩 독립적으로 관련).

　대방건설, 대방산업개발.

③ [계열회사]

　유형: 자회사.

　주요 회사: 2개 (1개씩 독립적으로 관련).

　　　　대방주택, 엘리움.

10. 대성그룹: 2012-2015년

연도	동일인	순위 (위)	계열회사 (개)	자산총액 (10억 원)	매출액 (10억 원)	당기순이익 (10억 원)
2012	김영대	41	85	6,922	4,934	93
2013	김영대	37	83	7,830	5,441	31
2014	김영대	40	76	7,299	5,671	-267
2015	김영대	47	73	5,918	4,879	-331

	[소유구조]					
주요 주주	김영대 (동일인)	친족	김영민 (형제)	친족	김영훈 (형제)	김영훈
주요 지배 회사	대성 합동지주	-	서울 도시개발	-	대성홀딩스	-
주요 계열회사	대성산업	제이헨	서울 도시가스	서울 도시산업, 에스씨지 솔루션즈	대성에너지	알앤알

◆ {<김영대 → 대성합동지주 → 계열회사> + <친족 → 계열회사2>} +

{<김영민 → 서울도시개발 → 계열회사> + <친족 → 계열회사2>} +

{<김영훈 → 대성홀딩스 → 계열회사> + <김영훈 → 계열회사2>} ◆

① [주요 주주]

3명 (1명씩 독립적으로 지분 보유).

김영대 (동일인) ‖ 김영민 (형제; 큰 동생) ‖ 김영훈 (형제; 작은 동생).

지분: 46.8% ‖ 97.8% ‖ 39.9%.

② [주요 지배 회사]

3개 (1개씩 독립적으로 관련).

대성합동지주 (상장), 서울도시개발, 대성홀딩스 (상장).

③ [계열회사]

　　유형: 자회사 → 손자회사 → 증손회사 (3년; 2012-2014년),

　　　　　자회사 → 손자회사 (1년; 2015년).

　　주요 회사: 3개 (1개씩 독립적으로 관련).

　　　　　　대성산업 (상장), 서울도시가스 (상장), 대성에너지.

　　　　　* 계열회사2: 4개 (1개씩 독립적으로 관련).

　　　　　　　제이헨, 서울도시산업, 에스씨지솔루션즈, 알앤알.

④ 서울도시산업, 에스씨지솔루션즈: 2013년 8월 에스씨지솔루션즈가 서울도시산업 합병.

11. 대우건설그룹: 2012-2021년

연도	동일인	순위 (위)	계열회사 (개)	자산총액 (10억 원)	매출액 (10억 원)	당기순이익 (10억 원)
2012	대우건설	26	15	10,853	7,303	170
2013	대우건설	28	16	11,400	8,563	151
2014	대우건설	27	16	10,348	8,953	-739
2015	대우건설	26	13	10,481	10,223	114
2016	대우건설	27	16	10,691	10,213	148
2017	대우건설	29	14	10,720	11,269	-756
2018	대우건설	33	15	9,671	11,661	205
2019	대우건설	36	14	9,629	11,126	225
2020	대우건설	34	16	19,217	8,905	-35
2021	대우건설	42	15	9,847	8,255	113

	[소유구조]
주요 주주	-
주요 지배 회사	대우건설 (동일인)
주요 계열회사	대우에스티

◆ 대우건설 → 계열회사 ◆

① [주요 주주] -

② [주요 지배 회사]

　　1개.

　　대우건설 (동일인, 상장).

　　지분: 34-100%.

③ [계열회사]

　　유형: 자회사.

　　주요 회사: 1개.

　　　　대우에스티.

12. 대우조선해양그룹: 2012-2021년

연도	동일인	순위 (위)	계열회사 (개)	자산총액 (10억 원)	매출액 (10억 원)	당기순이익 (10억 원)
2012	대우조선해양	18	19	16,665	14,954	740
2013	대우조선해양	20	20	16,189	14,439	105
2014	대우조선해양	17	19	18,497	15,725	202
2015	대우조선해양	17	18	19,964	17,110	112
2016	대우조선해양	18	14	19,227	15,736	-3,770
2017	대우조선해양	20	14	15,276	13,589	-2,947
2018	대우조선해양	23	5	12,194	11,453	739
2019	대우조선해양	24	5	12,969	10,487	882
2020	대우조선해양	29	5	12,320	9,371	-136
2021	대우조선해양	35	5	11,375	8,047	74

	[소유구조]		
주요 주주	-		
주요 지배 회사	대우조선해양 (동일인)		
주요 계열회사	디섹, 대우조선해양건설, 한국선박금융, 대한조선		

◆ 대우조선해양 → 계열회사 ◆

① [주요 주주] -

② [주요 지배 회사]

　　1개.

　　대우조선해양 (동일인, 상장).

　　지분: 0-100%.

③ [계열회사]

　　유형: 자회사 → 손자회사 → 증손회사 (2년; 2012-2013년),

　　　　 자회사 → 손자회사 (4년; 2014-2017년),

　　　　 자회사 (4년; 2018-2021년).

　　주요 회사: 4개 (1-4개씩 관련).

　　　　　　 디섹, 대우조선해양건설, 한국선박금융, 대한조선.

13. 대한전선그룹: 2012년

연도	동일인	순위 (위)	계열회사 (개)	자산총액 (10억 원)	매출액 (10억 원)	당기순이익 (10억 원)
2012	설윤석	49	24	5,309	3,912	-753

	[소유구조]
주요 주주	설윤석 (동일인)
주요 지배 회사	티이씨리딩스
주요 계열회사	대한전선

◆ 설윤석 → 티이씨리딩스 → 계열회사 ◆

① [주요 주주]

　　1명.

　　설윤석 (동일인).

　　지분: 53.8%.

② [주요 지배 회사]

　　1개.

　　티이씨리딩스.

③ [계열회사]

　　유형: 자회사 → 손자회사 → 증손회사.

　　주요 회사: 1개.

　　　　　대한전선 (상장).

14. 동국제강그룹: 2012-2021년

연도	동일인	순위 (위)	계열회사 (개)	자산총액 (10억 원)	매출액 (10억 원)	당기순이익 (10억 원)
2012	장세주	27	16	10,827	8,833	-10
2013	장세주	30	15	9,972	7,779	-280
2014	장세주	28	16	10,073	6,921	-100
2015	장세주	31	14	9,780	6,562	-339
2016	장세주	38	15	7,875	5,911	-4
2017	장세주	45	9	7,053	5,158	64
2018	장세주	50	10	6,963	6,137	82
2019	장세주	53	12	6,524	6,069	-464
2020	장세주	57	12	6,059	5,772	-160
2021	장세주	59	11	5,956	5,327	25

	[소유구조]
주요 주주	장세주 (동일인)
주요 지배 회사	동국제강
주요 계열회사	인터지스, 유니온스틸

◆ 장세주 → 동국제강 → 계열회사 ◆

① [주요 주주]

　1명.

　장세주 (동일인).

　지분: 13.7-15.4%.

② [주요 지배 회사]

　1개.

　동국제강 (상장).

③ [계열회사]

　유형: 자회사 → 손자회사 → 증손회사 (2년; 2012-2013년),

　　　자회사 → 손자회사 (8년; 2014-2021년).

　주요 회사: 2개 (1-2개씩 관련).

　　　　인터지스 (상장), 유니온스틸 (상장).

15. 동양그룹: 2012-2013년

연도	동일인	순위 (위)	계열회사 (개)	자산총액 (10억 원)	매출액 (10억 원)	당기순이익 (10억 원)
2012	현재현	37	34	7,776	9,478	264
2013	현재현	39	30	7,588	8,718	-258

	[소유구조]
주요 주주	현재현 (동일인), 현승담 (2세)
주요 지배 회사	동양레저
주요 계열회사	동양

◆ 현재현, 현승담 → 동양레저 → 계열회사 ◆

① [주요 주주]

2명 (2명씩 지분 보유).

현재현 (동일인) ‖ 현승담 (2세).

지분: 30% ‖ 20%.

② [주요 지배 회사]

1개.

동양레저 (상장).

③ [계열회사]

유형: 자회사 → 손자회사 → 증손회사.

주요 회사: 1개.

동양 (상장).

16. 동원그룹: 2017-2021년

연도	동일인	순위 (위)	계열회사 (개)	자산총액 (10억 원)	매출액 (10억 원)	당기순이익 (10억 원)
2017	김재철	37	30	8,224	5,470	256
2018	김재철	45	22	7,982	5,455	289
2019	김재철	48	24	7,815	6,117	277
2020	김재철	50	25	7,874	6,105	216
2021	김재철	50	26	8,458	6,689	334

	[소유구조]
주요 주주	김재철 (동일인), 김남정 (2세)
주요 지배 회사	동원엔터프라이즈
주요 계열회사	동원산업, 동원에프앤비

◆ 김재철, 김남정 → 동원엔터프라이즈 → 계열회사 ◆

① [주요 주주]

2명 (2명씩 지분 보유).

김재철 (동일인) ‖ 김남정 (2세).

지분: 24.5% ‖ 68-68.3%.

② [주요 지배 회사]

1개.

동원엔터프라이즈.

③ [계열회사]

유형: 자회사 → 손자회사 → 증손회사.

주요 회사: 2개 (2개씩 관련).

동원산업 (상장), 동원에프앤비 (상장).

17. 두산그룹: 2012-2021년

연도	동일인	순위 (위)	계열회사 (개)	자산총액 (10억 원)	매출액 (10억 원)	당기순이익 (10억 원)
2012	박용곤	12	24	29,915	20,599	753
2013	박용곤	13	25	29,425	20,011	-755
2014	박용곤	13	22	30,021	16,611	585
2015	박용곤	13	22	33,073	15,983	60
2016	박용곤	12	25	32,383	14,268	-1,607
2017	박용곤	13	26	30,442	11,961	-33
2018	박용곤	13	26	30,518	12,685	123
2019	박정원	15	23	28,456	12,578	-897
2020	박정원	15	25	29,251	12,003	100
2021	박정원	15	22	29,659	11,121	-1,777

	[소유구조]		
주요 주주	박용곤 (동일인), 박정원 (동일인, 2세)		
주요 지배 회사	두산		
주요 계열회사	두산중공업, 디아이피홀딩스		

◆ 박용곤, 박정원 → 두산 → 계열회사 ◆

① [주요 주주]

    2명 (1명씩 지분 보유).

    박용곤 (동일인)(7년; 2012-2018년) ‖ 박정원 (동일인, 2세)(3년; 2019-2021년).

    지분: 0.9-1.2% (7년; 2012-2018년) ‖ 5.7-5.8% (3년; 2019-2021년).

② [주요 지배 회사]

    1개.

    두산 (상장).

③ [계열회사]

    유형: 자회사 → 손자회사 → 증손회사.

    주요 회사: 2개 (1-2개씩 관련).

        두산중공업 (상장), 디아이피홀딩스.

18. DB그룹: 2012-2021년

연도	동일인	순위 (위)	계열회사 (개)	자산총액 (10억 원)	매출액 (10억 원)	당기순이익 (10억 원)
2012	김준기	19	56	15,684	20,696	-189
2013	김준기	18	61	17,110	22,905	347
2014	김준기	19	64	17,789	24,143	-89
2015	김준기	21	53	14,627	23,319	-1,757
2016	김준기	36	25	8,194	19,897	582
2017	김준기	36	23	8,266	20,840	453
2018	김준기	43	20	8,010	20,054	806
2019	김준기	43	20	8,663	19,742	722
2020	김준기	39	20	9,628	21,050	588
2021	김준기	39	21	10,366	23,000	731

	[소유구조]
주요 주주	김준기 (동일인), 김남호 김주원 (2세)
주요 지배 회사	동부씨엔아이/동부/DB Inc., 동부화재해상보험/DB손해보험, 동부건설
주요 계열회사	동부하이텍/DB하이텍, 동부한농/동부팜한농, 동부증권/DB금융투자, 동부건설, 동부익스프레스

주: 2012-2017년 DB그룹 = 동부그룹.

◆ 김준기, 김남호, 김주원 →

　　동부씨엔아이/동부/DB Inc., 동부화재해상보험/DB손해보험, 동부건설 → 계열회사 ◆

① [주요 주주]

　　3명 (2-3명씩 지분 보유).

　　김준기 (동일인) ‖ 김남호 (2세; 아들, 동생) ‖ 김주원 (2세; 딸, 누나).

　　지분: 3.6-31% (10년; 2012-2021년) ‖ 3.6-18.6% (10년; 2012-2021년) ‖

　　　　0.01-10.2% (7년; 2015-2021년).

② [주요 지배 회사]

　　3개 (2-3개씩 관련).

　　동부씨엔아이 (상장) / 동부 (상장) / DB Inc. (상장) (10년; 2012-2021년),

　　　동부화재해상보험 (상장) / DB손해보험 (상장) (10년; 2012-2021년),

　　　동부건설 (상장)(3년; 2013-2015년).

③ [계열회사]

　　유형: 자회사 → 손자회사 → 증손회사 (6년; 2012-2017년),

　　　　　자회사 → 손자회사 (4년; 2018-2021년).

　　주요 회사: 5개 (2-4개씩 관련).

　　　　　　　동부하이텍 (상장) / DB하이텍 (상장), 동부한농 / 동부팜한농,

　　　　　　　동부증권 (상장) / DB금융투자 (상장), 동부건설, 동부익스프레스.

④ 동부씨엔아이: 동부 (2015년 3월 상호 변경), DB Inc. (2017년 10월 상호 변경).

　　동부화재해상보험: DB손해보험 (2017년 11월 상호 변경).

　　동부한농: 동부팜한농 (2012년 6월 상호 변경).

　　동부하이텍: DB하이텍 (2017년 11월 상호 변경).

　　동부증권: DB금융투자 (2017년 11월 상호 변경).

19. DL그룹: 2012-2021년

연도	동일인	순위 (위)	계열회사 (개)	자산총액 (10억 원)	매출액 (10억 원)	당기순이익 (10억 원)
2012	이준용	20	17	14,761	13,597	153
2013	이준용	21	19	16,112	15,521	553
2014	이준용	20	22	16,258	15,038	290
2015	이준용	19	24	17,293	14,803	-475
2016	이준용	19	28	18,829	13,874	57
2017	이준용	18	26	18,401	14,331	139
2018	이준용	18	27	18,644	17,333	252
2019	이준용	18	26	17,991	15,258	923
2020	이준용	18	32	18,695	13,804	663
2021	이준용	19	36	19,627	12,326	682

	[소유구조]
주요 주주	이준용 (동일인), 이해욱 (2세)
주요 지배 회사	대림코퍼레이션/대림
주요 계열회사	대림산업/DL

주: 2012-2020년 DL그룹 = 대림그룹.

◆ 이준용, 이해욱 → 대림코퍼레이션/대림 → 계열회사 ◆

① [주요 주주]

2명 (1-2명씩 지분 보유).

이준용 (동일인) ‖ 이해욱 (2세).

지분: 37.7-61% (5년; 2012-2016년) ‖ 32.1-52.3% (10년; 2012-2021년).

② [주요 지배 회사]

1개.

대림코퍼레이션 / 대림.

③ [계열회사]

유형: 자회사 → 손자회사 → 증손회사.

주요 회사: 1개.

대림산업 (상장) / DL (상장).

④ 대림코퍼레이션: 대림 (2020년 12월 상호 변경).

대림산업: DL (2021년 1월 인적·물적 분할 후 상호 변경, DL이앤씨·DL케미칼 신설).

20. 롯데그룹: 2012-2021년

연도	동일인	순위 (위)	계열회사 (개)	자산총액 (10억 원)	매출액 (10억 원)	당기순이익 (10억 원)
2012	신격호	5	79	83,305	55,193	3,034
2013	신격호	5	77	87,523	59,491	2,606
2014	신격호	5	74	91,666	64,825	1,914
2015	신격호	5	80	93,407	66,723	1,580
2016	신격호	5	93	103,284	68,283	1,713
2017	신격호	5	90	110,820	73,973	3,042
2018	신동빈	5	107	116,188	72,181	3,202
2019	신동빈	5	95	115,339	73,430	552
2020	신동빈	5	86	121,524	65,271	466
2021	신동빈	5	86	117,781	56,404	-2,773

	[소유구조]	
주요 주주	신격호 (동일인), 신동빈 (동일인, 2세)	-
주요 지배 회사	롯데제과/롯데지주	호텔롯데
주요 계열회사	롯데쇼핑, 롯데케미칼	롯데쇼핑, 롯데물산

◆ {신격호, 신동빈 → 롯데제과/롯데지주 → 계열회사} +

{호텔롯데 등 계열회사 → 계열회사2} ◆

① [주요 주주]

2명 (1-2명씩 지분 보유).

신격호 (동일인)(6년; 2012-2017년) ‖ 신동빈 (동일인, 2세)(4년; 2018-2021년).

지분: 6.8% (6년; 2012-2017년) ‖ 4.9-13% (10년; 2012-2021년).

② [주요 지배 회사]

1개.

롯데제과 (상장) / 롯데지주 (상장).

* 기타: 1개.

호텔롯데.

③ [계열회사]

　　유형: 자회사 → 손자회사 → 증손회사 (4년; 2018-2021년)

　　　　　　　　　　　　　　　　(2012-2017년, 확인 어려움).

　　주요 회사: 2개 (0-2개씩 관련).

　　　　　　롯데쇼핑 (상장), 롯데케미칼 (상장).

　　　　　　* 계열회사2: 2개 (1-2개씩 관련).

　　　　　　　　롯데쇼핑, 롯데물산.

④ 롯데제과: 롯데지주 (2017년 10월 인적분할 후 상호 변경, 롯데제과 신설).

⑤ 롯데그룹의 소유구조는 파악하기가 쉽지 않으며, 지주회사체제가 도입된 2018년 이후의 지주회사 '롯데지주'를 기준으로 잠정적으로 논의함.

21. 메리츠금융그룹: 2018년

연도	동일인	순위 (위)	계열회사 (개)	자산총액 (10억 원)	매출액 (10억 원)	당기순이익 (10억 원)
2018	조정호	51	8	6,932	13,366	1,018

	[소유구조]
주요 주주	조정호 (동일인)
주요 지배 회사	메리츠금융지주
주요 계열회사	메리츠종합금융증권

◆ 조정호 → 메리츠금융지주 → 계열회사 ◆

① [주요 주주]

　1명.

　조정호 (동일인).

　지분: 68.9%.

② [주요 지배 회사]

　1개.

　메리츠금융지주 (상장).

③ [계열회사]

　유형: 자회사 → 손자회사.

　주요 회사: 1개.

　　　메리츠종합금융증권 (상장).

22. 미래에셋그룹: 2012-2021년

연도	동일인	순위 (위)	계열회사 (개)	자산총액 (10억 원)	매출액 (10억 원)	당기순이익 (10억 원)
2012	박현주	35	30	8,364	5,388	553
2013	박현주	34	28	8,632	6,545	459
2014	박현주	30	30	9,718	6,813	342
2015	박현주	30	31	9,991	7,772	621
2016	박현주	25	28	10,944	8,752	367
2017	박현주	21	41	15,182	8,135	-407
2018	박현주	20	38	14,996	13,988	604
2019	박현주	19	38	16,890	15,621	659
2020	박현주	19	38	18,554	17,003	720
2021	박현주	20	38	19,333	19,558	1,125

	[소유구조]
주요 주주	박현주 (동일인)
주요 지배 회사	미래에셋자산운용, 미래에셋캐피탈
주요 계열회사	미래에셋증권, 미래에셋대우/미래에셋증권

◆ 박현주 → 미래에셋자산운용, 미래에셋캐피탈 → 계열회사 ◆

① [주요 주주]

　　1명.

　　박현주 (동일인).

　　지분: 34.3-60.2%.

② [주요 지배 회사]

　　2개 (2개씩 관련).

　　미래에셋자산운용, 미래에셋캐피탈.

③ [계열회사]

　　유형: 자회사 → 손자회사 → 증손회사.

　　주요 회사: 2개 (1개씩 관련).

　　　　미래에셋증권 (상장), 미래에셋대우 (상장) / 미래에셋증권 (상장).

④ 대우증권: 미래에셋대우 (2016년 5월 미래에셋그룹 편입 후 상호 변경, 2016년 12월

　　　　　　미래에셋증권 합병),

　　　　미래에셋증권 (2021년 3월 상호 변경).

23. 반도홀딩스그룹: 2021년

연도	동일인	순위 (위)	계열회사 (개)	자산총액 (10억 원)	매출액 (10억 원)	당기순이익 (10억 원)
2021	권홍사	62	28	5,585	823	-9

	[소유구조]		
주요 주주	권홍사 (동일인), 권재현 (2세)		친족
주요 지배 회사	반도홀딩스		-
주요 계열회사	반도종합건설, 반도건설		반도개발

◆ {권홍사, 권재현 → 반도홀딩스 → 계열회사} +

　　{친족 → 계열회사2} ◆

① [주요 주주]

　　2명 (2명씩 지분 보유).

　　권홍사 (동일인) ‖ 권재현 (2세).

　　지분: 69.6% ‖ 30.1%.

② [주요 지배 회사]

　　1개.

　　반도홀딩스.

③ [계열회사]

　　유형: 자회사 → 손자회사.

　　주요 회사: 2개 (2개씩 관련).

　　　　　　반도종합건설 (상장), 반도건설 (상장).

　　　　* 계열회사2: 1개.

　　　　　　　　반도개발.

24. 부영그룹: 2012-2021년

연도	동일인	순위 (위)	계열회사 (개)	자산총액 (10억 원)	매출액 (10억 원)	당기순이익 (10억 원)
2012	이중근	23	17	12,533	2,664	371
2013	이중근	23	16	14,131	2,818	552
2014	이중근	21	14	15,665	2,153	421
2015	이중근	20	15	16,805	2,483	353
2016	이중근	16	18	20,434	2,020	267
2017	이중근	16	22	21,713	2,388	94
2018	이중근	16	24	22,440	1,299	-486
2019	이중근	16	24	22,848	2,053	154
2020	이중근	17	23	23,284	1,369	-252
2021	이중근	17	23	23,321	2,976	193

	[소유구조]	
주요 주주	이중근 (동일인)	이중근
주요 지배 회사	부영	-
주요 계열회사	부영주택	동광주택산업

◆ {이중근 → 부영 → 계열회사} +
  {이중근 → 계열회사2} ◆

① [주요 주주]
   1명.
   이중근 (동일인).
   지분: 74.18-93.8%.
② [주요 지배 회사]
   1개.
   부영.
③ [계열회사]
   유형: 자회사 → 손자회사 (5년; 2012-2016년),
        자회사 → 손자회사 → 증손회사 (5년; 2017-2021년).
   주요 회사: 1개.
           부영주택.
        * 계열회사2: 1개.
              동광주택산업.

25. 삼성그룹: 2012-2021년

연도	동일인	순위 (위)	계열회사 (개)	자산총액 (10억 원)	매출액 (10억 원)	당기순이익 (10억 원)
2012	이건희	1	81	255,704	273,001	20,243
2013	이건희	1	76	306,092	302,940	29,537
2014	이건희	1	74	331,444	333,892	24,150
2015	이건희	1	67	351,533	302,897	20,999
2016	이건희	1	59	348,226	271,880	18,779
2017	이건희	1	62	363,218	279,652	15,575
2018	이재용	1	62	399,479	315,852	35,538
2019	이재용	1	62	414,547	326,655	40,633
2020	이재용	1	59	424,848	314,512	19,616
2021	이재용	1	59	457,305	333,831	20,697

	[소유구조]
주요 주주	이건희 (동일인), 이재용 (동일인, 2세)
주요 지배 회사	삼성에버랜드/제일모직/삼성물산
주요 계열회사	'삼성생명보험 → 삼성전자'

◆ 이건희, 이재용 → 삼성에버랜드/제일모직/삼성물산 → 계열회사 ◆

① [주요 주주]

2명 (1-2명씩 지분 보유).

이건희 (동일인)(6년; 2012-2017년) ‖ 이재용 (동일인, 2세)(4년; 2018-2021년).

지분: 2.8-3.7% (6년; 2012-2017년) ‖ 17.1-25.1% (10년; 2012-2021년).

② [주요 지배 회사]

1개.

삼성에버랜드 / 제일모직 (상장) / 삼성물산 (상장).

③ [계열회사]

유형: 자회사 → 손자회사 → 증손회사.

주요 회사: 2개 (2개씩 관련).

'삼성생명보험 (상장) → 삼성전자 (상장)'.

④ 삼성에버랜드: 제일모직 (2013년 12월 제일모직 패션사업 양수, 2014년 7월 상호 변경),
삼성물산 (2015년 9월 삼성물산 합병 후 상호 변경).

26. 삼양그룹: 2020-2021년

연도	동일인	순위 (위)	계열회사 (개)	자산총액 (10억 원)	매출액 (10억 원)	당기순이익 (10억 원)
2020	김윤	64	13	5,125	3,647	126
2021	김윤	65	11	5,412	3,368	222

	[소유구조]
주요 주주	김윤 (동일인)
주요 지배 회사	삼양홀딩스
주요 계열회사	삼양사

◆ 김윤 → 삼양홀딩스 → 계열회사 ◆

① [주요 주주]

　1명.

　김윤 (동일인).

　지분: 4.7%.

② [주요 지배 회사]

　1개.

　삼양홀딩스 (상장).

③ [계열회사]

　유형: 자회사 → 손자회사.

　주요 회사: 1개.

　　　삼양사 (상장).

27. 삼천리그룹: 2014-2021년

연도	동일인	순위 (위)	계열회사 (개)	자산총액 (10억 원)	매출액 (10억 원)	당기순이익 (10억 원)
2014	이만득	49	14	5,440	4,617	255
2015	이만득	45	15	6,014	4,569	143
2016	이만득	50	16	5,707	4,470	229
2017	이만득	53	17	5,999	3,641	154
2018	이만득	53	17	6,471	3,946	509
2019	이만득	51	20	6,785	4,261	179
2020	이만득	52	27	7,143	4,021	187
2021	이만득	54	42	7,841	4,004	243

	[소유구조]
주요 주주	이만득 (동일인), 이은백 (조카)
주요 지배 회사	삼천리, 삼탄/에스티인터내셔널코퍼레이션
주요 계열회사	삼천리이에스, 삼천리자산운용, 동해임산

◆ 이만득, 이은백 → 삼천리, 삼탄/에스티인터내셔널코퍼레이션 → 계열회사 ◆

① [주요 주주]

   2명 (2명씩 지분 보유).

   이만득 (동일인) ‖ 이은백 (조카; 동일인 형 이천득의 아들).

   지분: 8.3-23.4% ‖ 7.8-23.4%.

② [주요 지배 회사]

   2개 (2개씩 관련).

   삼천리 (상장), 삼탄 / 에스티인터내셔널코퍼레이션.

③ [계열회사]

   유형: 자회사 (1년; 2014년),

       자회사 → 손자회사 (5년; 2015-2019년),

       자회사 → 손자회사 → 증손회사 (2년; 2020-2021년).

   주요 회사: 3개 (3개씩 관련).

       삼천리이에스, 삼천리자산운용, 동해임산.

④ 삼탄: 에스티인터내셔널코퍼레이션 (2019년 12월 상호 변경).

28. 세아그룹: 2012-2021년

연도	동일인	순위 (위)	계열회사 (개)	자산총액 (10억 원)	매출액 (10억 원)	당기순이익 (10억 원)
2012	이운형	42	24	6,914	6,522	364
2013	이순형	42	23	7,061	6,224	181
2014	이순형	44	22	6,661	5,728	-79
2015	이순형	41	21	6,801	6,037	289
2016	이순형	40	22	7,785	5,970	255
2017	이순형	39	21	8,109	5,578	199
2018	이순형	40	21	8,469	7,600	279
2019	이순형	39	24	9,418	6,268	368
2020	이순형	40	29	9,590	6,851	153
2021	이순형	46	29	9,470	6,132	-93

	[소유구조]
주요 주주	이운형 (동일인), 이순형 (동일인, 형제), 이주성 (이순형 2세)
주요 지배 회사	세아홀딩스, 에이팩인베스터스
주요 계열회사	한국번디/세아에프에스, 세아베스틸, 세아제강/세아제강지주

◆ 이운형, 이순형, 이주성 → 세아홀딩스, 에이팩인베스터스 → 계열회사 ◆

① [주요 주주]

3명 (1-2명씩 지분 보유).

이운형 (동일인)(1년; 2012년) ‖ 이순형 (동일인, 형제·동생)(9년; 2013-2021년) ‖
  이주성 (이순형 2세).

지분: 18% (1년; 2012년) ‖ 8.7-78% (9년; 2013-2021년) ‖
  17.9-20.1% (2년; 2020-2021년).

② [주요 지배 회사]

2개 (1-2개씩 관련).

세아홀딩스 (상장)(10년; 2012-2021년), 에이팩인베스터스 (4년; 2018-2021년).

③ [계열회사]

　　유형: 자회사 → 손자회사 (7년; 2012-2018년),

　　　　　　자회사 → 손자회사 → 증손회사 (3년; 2019-2021년).

　　주요 회사: 3개 (2-3개씩 관련).

　　　　　　　한국번디 / 세아에프에스, 세아베스틸 (상장),

　　　　　　　　세아제강 (상장) / 세아제강지주 (상장).

④ 한국번디: 세아에프에스 (2014년 5월 상호 변경).

　　해덕기업: 에이팩인베스터스 (2017년 12월 상호 변경).

　　세아제강: 세아제강지주 (2018년 9월 인적분할 후 상호 변경, 세아제강 신설).

29. 셀트리온그룹: 2016-2021년

연도	동일인	순위 (위)	계열회사 (개)	자산총액 (10억 원)	매출액 (10억 원)	당기순이익 (10억 원)
2016	서정진	48	8	5,855	897	158
2017	서정진	49	11	6,764	1,459	278
2018	서정진	38	9	8,572	1,982	588
2019	서정진	42	10	8,833	2,005	279
2020	서정진	45	9	8,838	2,409	280
2021	서정진	24	8	14,855	4,131	784

	[소유구조]	
주요 주주	서정진 (동일인)	서정진, 친족
주요 지배 회사	셀트리온홀딩스	-
주요 계열회사	셀트리온	셀트리온헬스케어, 셀트리온헬스케어홀딩스

◆ {서정진 → 셀트리온홀딩스 → 계열회사} +
　{서정진, 친족 → 계열회사2} ◆

① [주요 주주]
　1명.
　서정진 (동일인).
　지분: 93.86-95.5%.
② [주요 지배 회사]
　1개.
　셀트리온홀딩스.
③ [계열회사]
　유형: 자회사 → 손자회사 → 증손회사 (3년; 2016-2018년),
　　　　자회사 → 손자회사 (3년; 2019-2021년).
　주요 회사: 1개.
　　　　셀트리온 (상장).
　　　* 계열회사2: 2개 (1개씩 관련).
　　　　　　셀트리온헬스케어 (2016년 비상장, 2017-2020년 상장),
　　　　　　셀트리온헬스케어홀딩스.
④ 셀트리온헬스케어홀딩스: 2020년 9월경 설립.

30. CJ그룹: 2012-2021년

연도	동일인	순위 (위)	계열회사 (개)	자산총액 (10억 원)	매출액 (10억 원)	당기순이익 (10억 원)
2012	이재현	14	84	22,922	15,188	934
2013	이재현	15	82	24,143	17,327	609
2014	이재현	15	73	24,121	17,703	278
2015	이재현	15	65	24,608	18,527	533
2016	이재현	15	62	24,763	19,985	464
2017	이재현	15	70	27,794	21,830	552
2018	이재현	15	80	28,310	23,103	648
2019	이재현	14	75	31,136	24,765	630
2020	이재현	13	77	34,537	24,038	335
2021	이재현	13	79	34,676	24,032	118

	[소유구조]		
주요 주주	이재현 (동일인)		
주요 지배 회사	CJ		
주요 계열회사	CJ ENM, CJ제일제당, CJ프레시웨이		

◆ 이재현 → CJ → 계열회사 ◆

① [주요 주주]

　1명.

　이재현 (동일인).

　지분: 34.4-40.9%.

② [주요 지배 회사]

　1개.

　CJ (상장).

③ [계열회사]

　유형: 자회사 → 손자회사 → 증손회사.

　주요 회사: 3개 (3개씩 관련).

　　　　CJ ENM (상장), CJ제일제당 (상장), CJ프레시웨이 (상장).

31. 신세계그룹: 2012-2021년

연도	동일인	순위 (위)	계열회사 (개)	자산총액 (10억 원)	매출액 (10억 원)	당기순이익 (10억 원)
2012	이명희	17	19	17,532	12,432	3,805
2013	이명희	16	27	22,881	16,887	674
2014	이명희	14	29	25,243	17,048	688
2015	이명희	14	29	27,010	17,612	575
2016	이명희	14	34	29,165	19,001	959
2017	이명희	11	37	32,294	21,377	646
2018	이명희	11	39	34,090	24,041	962
2019	이명희	11	40	36,374	26,722	886
2020	이명희	11	41	44,088	29,243	1,026
2021	이명희	11	45	46,409	29,391	638

	[소유구조]	
주요 주주	이명희 (동일인), 정용진 (2세)	이명희, 정유경 (2세)
주요 지배 회사	이마트	신세계
주요 계열회사	신세계프라퍼티	신세계인터내셔날

◆ {이명희, 정용진 → 이마트 → 계열회사} +

　{이명희, 정유경 → 신세계 → 계열회사} ◆

① [주요 주주]

　3명 ('2012-2016년' 2-3명씩 지분 보유;

　　'2017-2021년' 2명씩 독립적으로 지분 보유).

　이명희 (동일인) ∥ 정용진 (2세; 아들, 오빠) ∥ 정유경 (2세; 딸, 동생).

　지분: 10-18.2% (10년; 2012-2021년) ∥ 7.3-18.6% (10년; 2012-2021년) ∥

　　2.5-18.6% (9년; 2013-2021년).

② [주요 지배 회사]

　2개 ('2012-2016년' 2개씩 관련;

　　'2017-2021년' 1개씩 독립적으로 관련).

　이마트 (상장), 신세계 (상장).

③ [계열회사]

유형: 자회사 → 손자회사 → 증손회사 (4년; 2012-2014, 2018년),

자회사 → 손자회사 (6년; 2015-2017, 2019-2021년).

주요 회사: 2개 ('2012-2016년' 1-2개씩 관련;

'2017-2021년' 1개씩 독립적으로 관련).

신세계프라퍼티, 신세계인터내셔널 (상장).

32. 아모레퍼시픽그룹: 2013-2021년

연도	동일인	순위 (위)	계열회사 (개)	자산총액 (10억 원)	매출액 (10억 원)	당기순이익 (10억 원)
2013	서경배	52	10	5,105	3,437	375
2014	서경배	48	10	5,458	3,786	388
2015	서경배	46	12	5,959	4,401	518
2016	서경배	46	12	6,567	5,160	675
2017	서경배	43	12	7,460	6,001	831
2018	서경배	48	12	7,725	5,171	487
2019	서경배	50	13	7,647	5,100	365
2020	서경배	48	15	8,289	5,386	483
2021	서경배	52	14	8,009	3,995	51

	[소유구조]
주요 주주	서경배 (동일인)
주요 지배 회사	아모레퍼시픽그룹
주요 계열회사	아모레퍼시픽

◆ 서경배 → 아모레퍼시픽그룹 → 계열회사 ◆

① [주요 주주]

  1명.

  서경배 (동일인).

  지분: 49.8-51.4%.

② [주요 지배 회사]

  1개.

  아모레퍼시픽그룹 (상장).

③ [계열회사]

  유형: 자회사 (2년; 2013-2014년),

    자회사 → 손자회사 (7년; 2015-2021년).

  주요 회사: 1개.

    아모레퍼시픽 (상장).

33. IS지주그룹: 2021년

연도	동일인	순위 (위)	계열회사 (개)	자산총액 (10억 원)	매출액 (10억 원)	당기순이익 (10억 원)
2021	권혁운	70	46	5,190	1,440	118

	[소유구조]
주요 주주	권혁운 (동일인), 권민석 권지혜 (2세)
주요 지배 회사	IS지주
주요 계열회사	IS동서

◆ 권혁운, 권민석, 권지혜 → IS지주 → 계열회사 ◆

① [주요 주주]

　　3명 (3명씩 지분 보유).

　　권혁운 (동일인) ‖ 권민석 (2세; 아들, 동생) ‖ 권지혜 (2세; 딸, 누나).

　　지분: 56.3% ‖ 30.5% ‖ 13.1%.

② [주요 지배 회사]

　　1개.

　　IS지주.

③ [계열회사]

　　유형: 자회사 → 손자회사 → 증손회사.

　　주요 회사: 1개.

　　　　IS동서 (상장).

34. IMM인베스트먼트그룹: 2020-2021년

연도	동일인	순위 (위)	계열회사 (개)	자산총액 (10억 원)	매출액 (10억 원)	당기순이익 (10억 원)
2020	지성배	55	79	6,313	557	65
2021	지성배	53	94	7,895	770	161

	[소유구조]
주요 주주	지성배 (동일인)
주요 지배 회사	IMM
주요 계열회사	IMM인베스트먼트

◆ 지성배 → IMM → 계열회사 ◆

① [주요 주주]

    1명.

    지성배 (동일인).

    지분: 33%.

② [주요 지배 회사]

    1개.

    IMM.

③ [계열회사]

    유형: 자회사 → 손자회사 → 증손회사.

    주요 회사: 1개.

        IMM인베스트먼트.

35. 애경그룹: 2019-2021년

연도	동일인	순위 (위)	계열회사 (개)	자산총액 (10억 원)	매출액 (10억 원)	당기순이익 (10억 원)
2019	장영신	58	40	5,160	4,527	317
2020	장영신	60	38	5,631	4,291	176
2021	장영신	61	37	5,589	2,829	-267

	[소유구조]	
주요 주주	장영신 (동일인), 채형석 (2세)	친족
주요 지배 회사	AK홀딩스	-
주요 계열회사	애경산업, 에이엠플러스자산개발	AK아이에스

◆ {장영신, 채형석 → AK홀딩스 → 계열회사} +

{친족 → 계열회사2} ◆

① [주요 주주]

2명 (2명씩 지분 보유).

장영신 (동일인) ‖ 채형석 (2세).

지분: 7.4% ‖ 14.25-16.14%.

② [주요 지배 회사]

1개.

AK홀딩스 (상장).

③ [계열회사]

유형: 자회사 → 손자회사.

주요 회사: 2개 (2개씩 관련).

애경산업 (상장), 에이엠플러스자산개발.

＊ 계열회사2: 1개.

AK아이에스.

36. SM그룹: 2017-2021년

연도	동일인	순위 (위)	계열회사 (개)	자산총액 (10억 원)	매출액 (10억 원)	당기순이익 (10억 원)
2017	우오현	46	61	7,032	3,615	223
2018	우오현	37	65	8,616	4,730	202
2019	우오현	35	65	9,829	5,386	331
2020	우오현	38	53	9,695	4,516	349
2021	우오현	38	58	10,450	5,035	551

	[소유구조]
주요 주주	우오현 (동일인)
주요 지배 회사	삼라
주요 계열회사	우방산업, 신광, SM스틸, SM인더스트리

◆ 우오현 → 삼라 → 계열회사 ◆

① [주요 주주]

　　1명.

　　우오현 (동일인).

　　지분: 61-68.8%.

② [주요 지배 회사]

　　1개.

　　삼라.

③ [계열회사]

　　유형: 자회사 → 손자회사 → 증손회사.

　　주요 회사: 4개 (2개씩 관련).

　　　　　　우방산업, 신광, SM스틸, SM인더스트리.

37. S-Oil그룹: 2012-2021년

연도	동일인	순위 (위)	계열회사 (개)	자산총액 (10억 원)	매출액 (10억 원)	당기순이익 (10억 원)
2012	S-Oil	22	2	13,294	32,197	1,203
2013	S-Oil	24	2	12,580	35,017	596
2014	S-Oil	24	2	12,003	31,415	304
2015	S-Oil	27	2	10,338	28,830	-276
2016	S-Oil	26	2	10,893	18,163	651
2017	S-Oil	22	2	14,048	16,591	1,221
2018	S-Oil	19	3	15,240	21,179	1,259
2019	S-Oil	20	3	16,332	25,739	284
2020	S-Oil	21	3	16,727	24,677	70
2021	S-Oil	23	2	15,795	16,991	-792

	[소유구조]		
주요 주주	-		
주요 지배 회사	S-Oil (동일인)		
주요 계열회사	S-Oil토탈윤활유		

◆ S-Oil → 계열회사 ◆

① [주요 주주] -

② [주요 지배 회사]

　　1개.

　　S-Oil (동일인, 상장).

　　지분: 50-100%.

③ [계열회사]

　　유형: 자회사.

　　주요 회사: 1개.

　　　　　　S-Oil토탈윤활유.

38. SK그룹: 2012-2021년

연도	동일인	순위 (위)	계열회사 (개)	자산총액 (10억 원)	매출액 (10억 원)	당기순이익 (10억 원)
2012	최태원	3	94	136,474	155,252	6,431
2013	최태원	3	81	140,621	158,530	3,765
2014	최태원	3	80	145,171	156,868	4,547
2015	최태원	3	82	152,388	165,469	5,757
2016	최태원	3	86	160,848	137,798	13,626
2017	최태원	3	96	170,697	125,920	6,838
2018	최태원	3	101	189,531	158,080	17,355
2019	최태원	3	111	218,013	183,738	22,668
2020	최태원	3	125	225,526	161,353	7,965
2021	최태원	3	148	239,530	139,602	9,827

	[소유구조]	
주요 주주	최태원 (동일인)	친족
주요 지배 회사	SKC&C/SK	SK케미칼/SK디스커버리
주요 계열회사	'SK → SK이노베이션, SK텔레콤, SKC, SKE&S', SK이노베이션, SK텔레콤, SKC, SKE&S	SK가스

◆ {최태원 → SKC&C/SK → 계열회사} +

{친족 → SK케미칼/SK디스커버리 → 계열회사2} ◆

① [주요 주주]

1명.

최태원 (동일인).

지분: 18.3-38%.

② [주요 지배 회사]

1개.

SKC&C (상장) / SK (상장).

* 기타: 1개.

SK케미칼 (상장) / SK디스커버리 (상장).

③ [계열회사]

   유형: 자회사 → 손자회사 → 증손회사.

   주요 회사: 5개 (4-5개씩 관련).

   'SK → SK이노베이션 (상장), SK텔레콤 (상장), SKC (상장), SKE&S',

   SK이노베이션, SK텔레콤, SKC, SKE&S.

   * 계열회사2: 1개.

   SK가스.

④ SKC&C: SK (2015년 8월 SK 합병 후 상호 변경).

   SK케미칼: SK디스커버리 (2017년 12월 인적분할 후 상호 변경, SK케미칼 신설).

39. STX그룹: 2012-2013년

연도	동일인	순위 (위)	계열회사 (개)	자산총액 (10억 원)	매출액 (10억 원)	당기순이익 (10억 원)
2012	강덕수	13	26	24,321	20,168	146
2013	강덕수	14	21	24,328	18,834	-1,413

	[소유구조]
주요 주주	강덕수 (동일인)
주요 지배 회사	포스텍
주요 계열회사	STX

◆ 강덕수 → 포스텍 → 계열회사 ◆

① [주요 주주]

　1명.

　강덕수 (동일인).

　지분: 69.4-87.5%.

② [주요 지배 회사]

　1개.

　포스텍.

③ [계열회사]

　유형: 자회사 → 손자회사 → 증손회사.

　주요 회사: 1개.

　　　　STX (상장).

40. HDC그룹: 2012-2021년

연도	동일인	순위 (위)	계열회사 (개)	자산총액 (10억 원)	매출액 (10억 원)	당기순이익 (10억 원)
2012	정몽규	39	15	7,470	4,250	223
2013	정몽규	41	15	7,388	3,526	22
2014	정몽규	41	15	7,248	4,497	-206
2015	정몽규	42	16	6,686	4,704	68
2016	정몽규	47	17	6,424	4,860	209
2017	정몽규	48	19	6,880	5,413	307
2018	정몽규	46	23	7,981	6,624	430
2019	정몽규	33	24	10,597	5,457	1,192
2020	정몽규	31	27	11,708	7,127	485
2021	정몽규	28	29	13,549	6,039	296

	[소유구조]
주요 주주	정몽규 (동일인)
주요 지배 회사	현대산업개발/HDC
주요 계열회사	현대이피/HDC현대이피, HDC현대산업개발

주: 2012-2018년 HDC그룹 = 현대산업개발그룹.

◆ 정몽규 → 현대산업개발/HDC → 계열회사 ◆

① [주요 주주]

　　1명.

　　정몽규 (동일인).

　　지분: 13.4-33.7%.

② [주요 지배 회사]

　　1개.

　　현대산업개발 (상장) / HDC (상장).

③ [계열회사]

　　유형: 자회사 → 손자회사 (9년; 2012-2017, 2019-2021년),

　　　　　자회사 → 손자회사 → 증손회사 (1년; 2018년).

　　주요 회사: 2개 (1-2개씩 관련).

　　　　　　　현대이피 (상장) / HDC현대이피 (상장), HDC현대산업개발 (상장).

④ 현대산업개발: HDC (2018년 5월 인적분할 후 상호 변경, HDC현대산업개발 신설).

　　현대이피: HDC현대이피 (2018년 3월 상호 변경).

41. HMM그룹: 2020-2021년

연도	동일인	순위 (위)	계열회사 (개)	자산총액 (10억 원)	매출액 (10억 원)	당기순이익 (10억 원)
2020	HMM	53	4	6,528	5,394	-683
2021	HMM	48	4	8,789	6,284	51

	[소유구조]
주요 주주	-
주요 지배 회사	HMM (동일인)
주요 계열회사	현대상선퍼시픽/HMM퍼시픽

◆ HMM → 계열회사 ◆

① [주요 주주] -

② [주요 지배 회사]

　1개.

　HMM (동일인, 상장).

　지분: 100%.

③ [계열회사]

　유형: 자회사.

　주요 회사: 1개.

　　　현대상선퍼시픽 / HMM퍼시픽.

④ 현대상선퍼시픽: HMM퍼시픽 (2020년 5월 이후 상호 변경).

42. LS그룹: 2012-2021년

연도	동일인	순위 (위)	계열회사 (개)	자산총액 (10억 원)	매출액 (10억 원)	당기순이익 (10억 원)
2012	구태회	15	50	19,316	29,198	495
2013	구태회	17	49	20,075	29,315	581
2014	구태회	16	51	20,367	26,966	435
2015	구태회	16	48	20,975	25,508	250
2016	구태회	17	45	20,230	21,939	123
2017	구자홍	17	45	20,683	20,807	486
2018	구자홍	17	48	21,048	22,510	655
2019	구자홍	17	53	22,644	22,901	1,025
2020	구자홍	16	54	23,717	22,975	289
2021	구자홍	16	58	25,243	22,817	337

	[소유구조]		
주요 주주	구태회 (동일인), 구자홍 (동일인, 2세), 구자열 (조카)	구태회, 구자홍	친족
주요 지배 회사	LS	예스코/ 예스코홀딩스	이원
주요 계열회사	LS산전/LS일렉트릭, LS전선	한성, 예스코	LS네트웍스

◆ {구태회, 구자홍, 구자열 → LS → 계열회사} +

{구태회, 구자홍 → 예스코/예스코홀딩스 → 계열회사} +

{친족 → 이원 → 계열회사2} ◆

① [주요 주주]

3명 (1-2명씩 독립적으로 지분 보유).

구태회 (동일인)(5년; 2012-2016년) ‖ 구자홍 (동일인, 2세)(5년; 2017-2021년) ‖

구자열 (조카; 구태회 동생 구평회의 아들).

지분: 0.01-0.5% (5년; 2012-2016년)‖ 0.06-6.45% (6년; 2012, 2017-2021년) ‖

1.87-3.27% (9년; 2013-2021년).

② [주요 지배 회사]

　　2개 (1개씩 독립적으로 관련).

　　LS (상장), 예스코 (상장) / 예스코홀딩스 (상장).

　　* 기타: 1개.

　　　　이원 (상장).

③ [계열회사]

　　유형: 자회사 → 손자회사 → 증손회사.

　　주요 회사: 4개 (1-2개씩 독립적으로 관련).

　　　　LS산전 (상장) / LS일렉트릭 (상장), LS전선, 한성, 예스코.

　　　　* 계열회사2: 1개.

　　　　　　LS네트웍스 (상장).

④ 예스코: 예스코홀딩스 (2018년 4월 물적분할 후 상호 변경, 예스코 신설).

　　LS산전: LS일렉트릭 (2020년 3월 상호 변경).

43. LG그룹: 2012-2021년

연도	동일인	순위 (위)	계열회사 (개)	자산총액 (10억 원)	매출액 (10억 원)	당기순이익 (10억 원)
2012	구본무	4	63	100,777	111,804	2,094
2013	구본무	4	61	102,360	115,884	2,410
2014	구본무	4	61	102,060	116,468	2,155
2015	구본무	4	63	105,519	115,926	2,882
2016	구본무	4	67	105,849	114,290	3,285
2017	구본무	4	68	112,326	114,610	3,963
2018	구본무	4	70	123,135	127,396	7,124
2019	구광모	4	75	129,616	126,475	3,410
2020	구광모	4	70	136,967	122,238	-87
2021	구광모	4	70	151,322	123,434	3,215

	[소유구조]		
주요 주주	구본무 (동일인), 구광모 (동일인, 2세)		
주요 지배 회사	LG		
주요 계열회사	LG전자, LG유플러스, LG생활건강		

◆ 구본무, 구광모 → LG → 계열회사 ◆

① [주요 주주]

  2명 (1명씩 지분 보유).

  구본무 (동일인)(7년; 2012-2018년) ‖ 구광모 (동일인, 2세)(3년; 2019-2021년).

  지분: 10.6-11.1% (7년; 2012-2018년) ‖ 14.7-15.7% (3년; 2019-2021년).

② [주요 지배 회사]

  1개.

  LG (상장).

③ [계열회사]

  유형: 자회사 → 손자회사 → 증손회사.

  주요 회사: 3개 (3개씩 관련).

    LG전자 (상장), LG유플러스 (상장), LG생활건강 (상장).

44. MDM그룹: 2021년

연도	동일인	순위 (위)	계열회사 (개)	자산총액 (10억 원)	매출액 (10억 원)	당기순이익 (10억 원)
2021	문주현	69	22	5,256	1,542	408

	[소유구조]		
주요 주주	문주현 (동일인)	문주현, 문현정 문초연 (2세)	친족
주요 지배 회사	MDM	MDM플러스	-
주요 계열회사	한국자산신탁	한국자산에셋운용	쏘울컬렉션

◆ {문주현 → MDM → 계열회사} +

　{문주현, 문현정, 문초연 → MDM플러스 → 계열회사} +

　{친족 → 계열회사2} ◆

① [주요 주주]

　3명 (1-3명씩 독립적으로 지분 보유)

　문주현 (동일인) ‖ 문현정 (2세; 딸, 언니) ‖ 문초연 (2세; 딸, 동생).

　지분: 4.8-95% ‖ 47.6% ‖ 47.6%.

② [주요 지배 회사]

　2개 (1개씩 독립적으로 관련).

　MDM, MDM플러스.

③ [계열회사]

　유형: 자회사 → 손자회사.

　주요 회사: 2개 (1개씩 독립적으로 관련).

　　　　한국자산신탁 (상장), 한국자산에셋운용.

　　　* 계열회사2: 1개.

　　　　　쏘울컬렉션.

45. 영풍그룹: 2012-2021년

연도	동일인	순위 (위)	계열회사 (개)	자산총액 (10억 원)	매출액 (10억 원)	당기순이익 (10억 원)
2012	장형진	33	23	8,726	8,479	839
2013	장형진	31	23	9,921	9,002	875
2014	장형진	29	22	9,944	8,324	589
2015	장형진	28	22	10,311	7,757	467
2016	장형진	28	23	10,561	7,224	415
2017	장형진	26	23	10,963	8,331	560
2018	장형진	22	24	12,259	9,939	751
2019	장형진	25	24	11,975	9,289	464
2020	장형진	28	26	12,445	9,380	703
2021	장형진	30	27	13,170	9,874	574

	[소유구조]		
주요 주주	장형진 (동일인), 장세준 장세환 (2세)		
주요 지배 회사	영풍		
주요 계열회사	고려아연, 코리아써키트		

◆ 장형진, 장세준, 장세환 → 영풍 → 계열회사 ◆

① [주요 주주]

　　3명 (2-3명씩 지분 보유).

　　장형진 (동일인) ‖ 장세준 (2세; 아들, 형) ‖ 장세환 (2세; 아들, 동생).

　　지분: 0.7-11.5% (10년; 2012-2021년) ‖ 16.9% (10년; 2012-2021년) ‖
　　　　　11.2% (9년; 2013-2021년).

② [주요 지배 회사]

　　1개.

　　영풍 (상장).

③ [계열회사]

　　유형: 자회사 → 손자회사 → 증손회사 (7년; 2012-2016, 2020-2021년),
　　　　　자회사 → 손자회사 (3년; 2017-2019년).

　　주요 회사: 2개 (2개씩 관련).

　　　　　　고려아연 (상장), 코리아써키트 (상장).

46. OCI그룹: 2012-2021년

연도	동일인	순위 (위)	계열회사 (개)	자산총액 (10억 원)	매출액 (10억 원)	당기순이익 (10억 원)
2012	이수영	24	19	11,773	7,804	921
2013	이수영	25	22	12,159	6,195	-182
2014	이수영	23	26	12,131	5,650	-377
2015	이수영	24	26	12,007	5,877	-263
2016	이수영	23	22	11,590	5,936	164
2017	이수영	24	22	11,803	6,161	487
2018	이우현	27	21	11,323	6,110	263
2019	이우현	31	19	10,655	5,570	189
2020	이우현	35	18	9,930	5,121	-652
2021	이우현	43	18	9,815	3,778	-37

	[소유구조]	
주요 주주	이수영 (동일인), 이우현 (동일인, 2세)	친족
주요 지배 회사	OCI	OCI상사/유니드글로벌상사
주요 계열회사	OCI머티리얼즈, OCI정보통신, OCI파워, 삼광유리/삼광글라스	유니드, '유니드 → 삼광글라스/SGC에너지'

◆ {이수영, 이우현 → OCI → 계열회사} +

{친족 → OCI상사/유니드글로벌상사 → 계열회사2} ◆

① [주요 주주]

2명 (1명씩 지분 보유).

이수영 (동일인)(6년; 2012-2017년) ‖ 이우현 (동일인, 2세)(4년; 2018-2021년).

지분: 10.9% (6년; 2012-2017년) ‖ 5-5.5% (4년; 2018-2021년).

② [주요 지배 회사]

1개.

OCI (상장).

* 기타: 1개.

OCI상사 / 유니드글로벌상사.

③ [계열회사]

　　유형: 자회사 → 손자회사 → 증손회사.

　　주요 회사: 4개 (2-3개씩 관련).

　　　　　　　OCI머티리얼즈 (상장), OCI정보통신, OCI파워,

　　　　　　　　삼광유리 (상장) / 삼광글라스 (상장).

　　　　　　* 계열회사2: 2개 (1-2개씩 관련).

　　　　　　　　　유니드 (상장),

　　　　　　　　　‘유니드 → 삼광글라스 / SGC에너지 (상장)’.

④ OCI상사: 유니드글로벌상사 (2017년 9월 상호 변경).

　　삼광유리: 삼광글라스 (2013년 3월 상호 변경),

　　　　　　SGC에너지 (2020년 10월 상호 변경; 군장에너지 합병 및 물적분할 후

　　　　　　　　　SGC솔루션 설립, 이테크건설에서 인적분할된 투자부문 합병,

　　　　　　　　　이테크건설은 SGC이테크건설로 상호 변경).

47. 웅진그룹: 2012-2013년

연도	동일인	순위 (위)	계열회사 (개)	자산총액 (10억 원)	매출액 (10억 원)	당기순이익 (10억 원)
2012	윤석금	31	29	9,335	6,017	-183
2013	윤석금	49	25	5,895	3,652	-3,518

	[소유구조]
주요 주주	윤석금 (동일인)
주요 지배 회사	웅진홀딩스, 웅진캐피탈
주요 계열회사	웅진씽크빅, 극동건설, 서울상호저축은행

◆ 윤석금 → 웅진홀딩스, 웅진캐피탈 → 계열회사 ◆

① [주요 주주]

1명.

윤석금 (동일인).

지분: 7-93%.

② [주요 지배 회사]

2개 (2개씩 관련).

웅진홀딩스 (상장), 웅진캐피탈.

③ [계열회사]

유형: 자회사 → 손자회사 → 증손회사.

주요 회사: 3개 (2-3개씩 관련).

웅진씽크빅 (상장), 극동건설,

서울상호저축은행 (2012년 상장, 2013년 비상장).

48. 유진그룹: 2012, 2018-2021년

연도	동일인	순위 (위)	계열회사 (개)	자산총액 (10억 원)	매출액 (10억 원)	당기순이익 (10억 원)
2012	유경선	52	28	5,139	4,938	-36
2018	유경선	59	71	5,328	2,902	212
2019	유경선	54	54	6,323	3,337	85
2020	유경선	62	46	5,435	3,507	52
2021	유경선	63	52	5,528	3,695	197

	[소유구조]
주요 주주	유경선 (동일인)
주요 지배 회사	유진기업
주요 계열회사	유진투자증권, 유진프라이빗에쿼티, 동양

◆ 유경선 → 유진기업 → 계열회사 ◆

① [주요 주주]

　　1명.

　　유경선 (동일인).

　　지분: 11.5-11.8%.

② [주요 지배 회사]

　　1개.

　　유진기업 (상장).

③ [계열회사]

　　유형: 자회사 → 손자회사 (1년; 2012년),

　　　　자회사 → 손자회사 → 증손회사 (4년; 2018-2021년).

　　주요 회사: 3개 (1-3개씩 관련).

　　　　유진투자증권 (= 유진증권; 상장), 유진프라이빗에쿼티 (= 유진PE),

　　　　　　동양 (상장).

49. 이랜드그룹: 2012-2021년

연도	동일인	순위 (위)	계열회사 (개)	자산총액 (10억 원)	매출액 (10억 원)	당기순이익 (10억 원)
2012	박성수	51	30	5,242	3,764	117
2013	박성수	50	27	5,542	4,427	56
2014	박성수	45	24	6,375	4,695	166
2015	박성수	43	25	6,657	4,711	149
2016	박성수	42	29	7,531	4,980	189
2017	박성수	42	29	7,536	5,169	-9
2018	박성수	42	30	8,250	4,701	681
2019	박성수	41	29	9,280	4,706	193
2020	박성수	36	31	9,873	4,562	488
2021	박성수	45	33	9,509	3,713	-547

	[소유구조]
주요 주주	박성수 (동일인)
주요 지배 회사	이랜드월드
주요 계열회사	이랜드리테일, 이랜드파크

◆ 박성수 → 이랜드월드 → 계열회사 ◆

① [주요 주주]

　　1명.

　　박성수 (동일인).

　　지분: 33.9-40.9%.

② [주요 지배 회사]

　　1개.

　　이랜드월드.

③ [계열회사]

　　유형: 자회사 → 손자회사 → 증손회사.

　　주요 회사: 2개 (1-2개씩 관련).

　　　　이랜드리테일, 이랜드파크.

50. 장금상선그룹: 2020-2021년

연도	동일인	순위 (위)	계열회사 (개)	자산총액 (10억 원)	매출액 (10억 원)	당기순이익 (10억 원)
2020	정태순	54	17	6,388	2,271	16
2021	정태순	58	19	6,263	2,922	22

	[소유구조]	
주요 주주	정태순 (동일인)	친족
주요 지배 회사	장금상선	-
주요 계열회사	흥아라인, 조강해운	장금마리타임

◆ {정태순 → 장금상선 → 계열회사} +

  {친족 → 계열회사2} ◆

① [주요 주주]

  1명.

  정태순 (동일인).

  지분: 16.9%.

② [주요 지배 회사]

  1개.

  장금상선.

③ [계열회사]

  유형: 자회사 → 손자회사.

  주요 회사: 2개 (2개씩 관련).

      흥아라인, 조강해운.

    * 계열회사2: 1개.

        장금마리타임.

51. 중앙그룹: 2021년

연도	동일인	순위 (위)	계열회사 (개)	자산총액 (10억 원)	매출액 (10억 원)	당기순이익 (10억 원)
2021	홍석현	71	56	5,014	1,576	-300

	[소유구조]
주요 주주	홍석현 (동일인), 홍정도 홍정인 (2세)
주요 지배 회사	중앙홀딩스
주요 계열회사	제이콘텐트리, 중앙일보, JTBC

◆ 홍석현, 홍정도, 홍정인 → 중앙홀딩스 → 계열회사 ◆

① [주요 주주]

　　3명 (3명씩 지분 보유).

　　홍석현 (동일인) ‖ 홍정도 (2세; 아들, 형) ‖ 홍정인 (2세; 아들, 동생).

　　지분: 7% ‖ 55.8% ‖ 37.2%.

② [주요 지배 회사]

　　1개.

　　중앙홀딩스.

③ [계열회사]

　　유형: 자회사 → 손자회사 → 증손회사.

　　주요 회사: 3개 (3개씩 관련).

　　　　　　제이콘텐트리 (상장), 중앙일보, JTBC.

52. 중흥건설그룹: 2015-2021년

연도	동일인	순위 (위)	계열회사 (개)	자산총액 (10억 원)	매출액 (10억 원)	당기순이익 (10억 원)
2015	정창선	49	43	5,565	3,261	468
2016	정창선	41	49	7,603	4,569	613
2017	정창선	35	62	8,479	5,438	710
2018	정창선	34	61	9,598	6,821	1,013
2019	정창선	37	34	9,525	5,012	993
2020	정창선	46	35	8,420	3,406	505
2021	정창선	47	37	9,207	3,152	304

	[소유구조]			
주요 주주	정창선 (동일인)	정원주 (2세)	정원철 (2세)	정창선, 친족
주요 지배 회사	중흥건설	중흥토건	시티글로벌	-
주요 계열회사	중흥개발	중흥에스클래스	시티개발, 헤럴드	중흥주택

◆ {정창선 → 중흥건설 → 계열회사} +

  {정원주 → 중흥토건 → 계열회사} +

  {정원철 → 시티글로벌 → 계열회사} +

  {정창선, 친족 → 계열회사2} ◆

① [주요 주주]

  3명 (2-3명 중 1명씩 독립적으로 지분 보유).

  정창선 (동일인) ‖ 정원주 (2세; 아들, 형) ‖ 정원철 (2세; 아들, 동생).

  지분: 51.4-76.7% (7년; 2015-2021년) ‖ 100% (7년; 2015-2021년) ‖

    100% (4년; 2015-2018년).

② [주요 지배 회사]

  3개 (2-3개 중 1개씩 독립적으로 관련).

  중흥건설 (7년; 2015-2021년), 중흥토건 (7년; 2015-2021년),

    시티글로벌 (4년; 2015-2018년).

③ [계열회사]

유형: 자회사 → 손자회사 → 증손회사 (6년; 2015-2020년),

자회사 → 손자회사 (1년; 2021년).

주요 회사: 4개 (1-2개씩 독립적으로 관련).

중흥개발, 중흥에스클래스, 시티개발, 헤럴드.

* 계열회사2: 1개.

중흥주택.

53. GS그룹: 2012-2021년

연도	동일인	순위 (위)	계열회사 (개)	자산총액 (10억 원)	매출액 (10억 원)	당기순이익 (10억 원)
2012	허창수	8	73	51,388	67,228	2,336
2013	허창수	8	79	55,246	70,442	1,933
2014	허창수	8	80	58,087	68,477	-143
2015	허창수	7	79	58,506	63,491	-668
2016	허창수	7	69	60,294	52,139	929
2017	허창수	7	69	62,005	50,236	2,135
2018	허창수	7	71	65,036	58,526	2,681
2019	허창수	8	64	62,913	67,891	2,887
2020	허창수	8	69	66,753	62,404	1,943
2021	허창수	8	80	67,677	48,795	159

	[소유구조]	
주요 주주	허창수 (동일인)	친족
주요 지배 회사	GS, GS건설	-
주요 계열회사	GS에너지, GS리테일, GS이앤알	코스모앤컴퍼니, 삼양통상

◆ {허창수 → GS, GS건설 → 계열회사} +

{친족 → 계열회사2} ◆

① [주요 주주]

1명.

허창수 (동일인).

지분: 4.7-11.8%.

② [주요 지배 회사]

2개 (2개씩 관련).

GS (상장), GS건설 (상장).

③ [계열회사]

유형: 자회사 → 손자회사 → 증손회사.

주요 회사: 3개 (2-3개씩 관련).

GS에너지, GS리테일 (상장), GS이앤알.

* 계열회사2: 2개 (1-2개씩 관련).

코스모앤컴퍼니, 삼양통상.

54. 카카오그룹: 2016-2021년

연도	동일인	순위 (위)	계열회사 (개)	자산총액 (10억 원)	매출액 (10억 원)	당기순이익 (10억 원)
2016	김범수	53	45	5,083	1,367	107
2017	김범수	50	63	6,752	1,635	78
2018	김범수	39	72	8,540	2,264	296
2019	김범수	32	71	10,603	2,380	-4
2020	김범수	23	97	14,243	4,301	-240
2021	김범수	18	118	19,952	5,599	164

	[소유구조]
주요 주주	김범수 (동일인)
주요 지배 회사	카카오
주요 계열회사	케이벤처그룹/카카오게임즈홀딩스, 카카오인베스트먼트, 카카오게임즈, 로엔엔터테인먼트/카카오엠, 카카오엠, 카카오엔터테인먼트, 카카오모빌리티

◆ 김범수 → 카카오 → 계열회사 ◆

① [주요 주주]

　1명.

　김범수 (동일인).

　지분: 13.3-18.7%.

② [주요 지배 회사]

　1개.

　카카오 (상장).

③ [계열회사]

　　유형: 자회사 → 손자회사 → 증손회사.

　　주요 회사: 7개 (2-4개씩 관련).

　　　　　　　케이벤처그룹 / 카카오게임즈홀딩스, 카카오인베스트먼트,

　　　　　　　카카오게임즈 (2017-2020년 비상장, 2021년 상장),

　　　　　　　로엔엔터테인먼트 (상장) / 카카오엠 (2018년 상장),

　　　　　　　카카오엠 (2019-2020년 비상장), 카카오엔터테인먼트,

　　　　　　　카카오모빌리티.

④ 케이벤처그룹: 카카오게임즈홀딩스 (2016년 4월 이후 상호 변경; 2017년 4월 인적분할

　　　　　　　　　　　　후 카카오인베스트먼트 신설; 2017년 9월 이후

　　　　　　　　　　　　카카오에 합병; 2017년 9월 이후 케이벤처그룹

　　　　　　　　　　　　신설).

　　로엔엔터테인먼트: 카카오엠 (2018년 3월 상호 변경; 2018년 9월 카카오에 합병).

　　이앤컴퍼니: 카카오엠 (2018년 8월 설립 후 9월 상호 변경).

　　카카오페이지: 카카오엔터테인먼트 (2021년 3월 카카오엠 합병 후 상호 변경).

　　엔진: 카카오게임즈 (2016년 4월 다음게임 합병 후 상호 변경).

55. KCC그룹: 2012-2021년

연도	동일인	순위 (위)	계열회사 (개)	자산총액 (10억 원)	매출액 (10억 원)	당기순이익 (10억 원)
2012	정몽진	32	9	9,182	4,702	353
2013	정몽진	35	9	8,507	4,590	213
2014	정몽진	34	9	8,653	4,388	102
2015	정몽진	29	9	10,185	4,564	314
2016	정몽진	30	7	9,806	4,487	106
2017	정몽진	31	7	10,466	4,825	203
2018	정몽진	29	17	10,969	5,302	53
2019	정몽진	34	15	10,425	4,946	58
2020	정몽진	32	16	10,977	5,270	-54
2021	정몽진	33	18	12,277	4,069	885

	[소유구조]	
주요 주주	정몽진 (동일인)	정몽진, 친족
주요 지배 회사	KCC	-
주요 계열회사	KCC건설	금강레저, 동주피앤지

◆ {정몽진 → KCC → 계열회사} +

　　{정몽진, 친족 → 계열회사2} ◆

① [주요 주주]

　　1명.

　　정몽진 (동일인).

　　지분: 17.8-18.6%.

② [주요 지배 회사]

　　1개.

　　KCC (상장).

③ [계열회사]

　　유형: 자회사 → 손자회사.

　　주요 회사: 1개.

　　　　KCC건설 (상장).

　　　* 계열회사2: 2개 (1-2개씩 관련).

　　　　　금강레저, 동주피앤지.

56. KG그룹: 2020년

연도	동일인	순위 (위)	계열회사 (개)	자산총액 (10억 원)	매출액 (10억 원)	당기순이익 (10억 원)
2020	곽재선	63	20	5,256	3,881	148

	[소유구조]
주요 주주	곽재선 (동일인), 곽정현 곽혜은 (2세)
주요 지배 회사	KG제로인
주요 계열회사	KG케미칼

◆ 곽재선, 곽정현, 곽혜은 → KG제로인 → 계열회사 ◆

① [주요 주주]

　　3명 (3명씩 지분 보유).

　　곽재선 (동일인) ‖ 곽정현 (2세; 아들) ‖ 곽혜은 (2세; 딸).

　　지분: 15.4% ‖ 34.8% ‖ 6.3%.

② [주요 지배 회사]

　　1개.

　　KG제로인.

③ [계열회사]

　　유형: 자회사 → 손자회사 → 증손회사.

　　주요 회사: 1개.

　　　　　　KG케미칼 (상장).

57. KT그룹: 2012-2021년

연도	동일인	순위 (위)	계열회사 (개)	자산총액 (10억 원)	매출액 (10억 원)	당기순이익 (10억 원)
2012	KT	11	50	32,165	28,784	1,534
2013	KT	12	54	34,806	27,804	911
2014	KT	12	57	34,974	27,874	47
2015	KT	12	50	34,503	27,492	-905
2016	KT	13	40	31,315	26,283	958
2017	KT	12	38	32,073	26,763	1,109
2018	KT	12	36	30,736	27,328	827
2019	KT	12	43	33,971	27,509	808
2020	KT	12	44	36,315	28,522	729
2021	KT	12	48	37,701	28,051	767

	[소유구조]		
주요 주주	-		
주요 지배 회사	KT (동일인)		
주요 계열회사	KT캐피탈, 비씨카드, KT스카이라이프, KT에스테이트		

◆ KT → 계열회사 ◆

① [주요 주주] -

② [주요 지배 회사]

　　1개.

　　KT (동일인, 상장).

　　지분: 17.8-100%.

③ [계열회사]

　　유형: 자회사 → 손자회사 → 증손회사.

　　주요 회사: 4개 (3-4개씩 관련).

　　　　　　KT캐피탈, 비씨카드, KT스카이라이프 (상장), KT에스테이트.

58. KT&G그룹: 2012-2021년

연도	동일인	순위 (위)	계열회사 (개)	자산총액 (10억 원)	매출액 (10억 원)	당기순이익 (10억 원)
2012	KT&G	40	13	6,991	3,710	921
2013	KT&G	38	11	7,671	3,810	834
2014	KT&G	37	11	7,950	3,583	555
2015	KT&G	36	10	8,378	3,866	812
2016	KT&G	31	10	9,649	4,061	1,051
2017	KT&G	27	9	10,756	4,436	1,161
2018	KT&G	28	9	11,045	4,563	1,083
2019	KT&G	29	11	11,203	4,301	961
2020	KT&G	30	10	11,715	4,730	1,026
2021	KT&G	32	10	12,777	5,131	1,176

	[소유구조]		
주요 주주	-		
주요 지배 회사	KT&G (동일인)		
주요 계열회사	한국인삼공사, 영진약품공업/영진약품		

◆ KT&G → 계열회사 ◆

① [주요 주주] -

② [주요 지배 회사]

　　1개.

　　KT&G (동일인, 상장).

　　지분: 34.6-100%.

③ [계열회사]

　　유형: 자회사 → 손자회사 (6년; 2012, 2017-2021년),

　　　　자회사 (4년; 2013-2016년).

　　주요 회사: 2개 (2개씩 관련).

　　　　　　한국인삼공사, 영진약품공업 (상장) / 영진약품 (상장).

④ 영진약품공업: 영진약품 (2017년 6월 상호 변경).

59. 코닝정밀소재그룹: 2014년

연도	동일인	순위 (위)	계열회사 (개)	자산총액 (10억 원)	매출액 (10억 원)	당기순이익 (10억 원)
2014	삼성코닝 정밀소재	43	2	6,843	2,439	831

	[소유구조]
주요 주주	-
주요 지배 회사	삼성코닝정밀소재 (동일인)
주요 계열회사	글로벌텍

◆ 삼성코닝정밀소재 → 계열회사 ◆

① [주요 주주] -
② [주요 지배 회사]

　　1개.

　　삼성코닝정밀소재 (동일인).

　　지분: 51%.
③ [계열회사]

　　유형: 자회사.

　　주요 회사: 1개.

　　　　　글로벌텍.

60. 코오롱그룹: 2012-2021년

연도	동일인	순위 (위)	계열회사 (개)	자산총액 (10억 원)	매출액 (10억 원)	당기순이익 (10억 원)
2012	이웅열	30	40	9,378	8,207	326
2013	이웅열	32	38	9,620	10,495	153
2014	이웅열	31	37	9,400	9,919	34
2015	이웅열	32	43	9,032	9,167	-43
2016	이웅열	33	43	9,126	8,814	-200
2017	이웅열	32	40	9,643	8,524	191
2018	이웅열	31	39	10,841	9,067	57
2019	이웅열	30	41	10,710	9,304	93
2020	이웅열	33	37	10,428	9,023	-86
2021	이웅열	40	36	10,299	9,051	326

	[소유구조]
주요 주주	이웅열 (동일인)
주요 지배 회사	코오롱
주요 계열회사	코오롱인더스트리, 코오롱글로벌

◆ 이웅열 → 코오롱 → 계열회사 ◆

① [주요 주주]

　　1명.

　　이웅열 (동일인).

　　지분: 40.5-45.83%.

② [주요 지배 회사]

　　1개.

　　코오롱 (상장).

③ [계열회사]

　　유형: 자회사 → 손자회사 → 증손회사.

　　주요 회사: 2개 (2개씩 관련).

　　　　　코오롱인더스트리 (상장), 코오롱글로벌 (상장).

61. 쿠팡그룹: 2021년

연도	동일인	순위 (위)	계열회사 (개)	자산총액 (10억 원)	매출액 (10억 원)	당기순이익 (10억 원)
2021	쿠팡	60	8	5,775	15,374	-597

	[소유구조]
주요 주주	-
주요 지배 회사	쿠팡 (동일인)
주요 계열회사	씨피엘비, 쿠팡페이

◆ 쿠팡 → 계열회사 ◆

① [주요 주주] -

② [주요 지배 회사]

　　1개.

　　쿠팡 (동일인).

　　지분: 100%.

③ [계열회사]

　　유형: 자회사.

　　주요 회사: 2개 (2개씩 관련).

　　　　　　씨피엘비, 쿠팡페이.

62. 태광그룹: 2012-2021년

연도	동일인	순위 (위)	계열회사 (개)	자산총액 (10억 원)	매출액 (10억 원)	당기순이익 (10억 원)
2012	이호진	43	44	6,561	11,173	387
2013	이호진	43	44	6,984	11,721	288
2014	이호진	39	34	7,380	12,098	343
2015	이호진	40	32	7,329	12,100	288
2016	이호진	44	26	7,118	13,011	251
2017	이호진	44	26	7,392	13,539	271
2018	이호진	36	25	8,691	13,324	494
2019	이호진	40	23	9,298	12,424	521
2020	이호진	49	19	8,146	11,764	344
2021	이호진	49	19	8,767	11,630	670

	[소유구조]	
주요 주주	이호진 (동일인)	이호진
주요 지배 회사	태광산업	-
주요 계열회사	티브로드홀딩스/티브로드, 티시스	흥국생명보험, 티시스

◆ {이호진 → 태광산업 → 계열회사} +

　 {이호진 → 계열회사2} ◆

① [주요 주주]

　 1명.

　 이호진 (동일인).

　 지분: 15.1-29.5%.

② [주요 지배 회사]

　 1개.

　 태광산업 (상장).

③ [계열회사]

　유형: 자회사 → 손자회사 → 증손회사 (4년; 2012-2015년),

　　　　자회사 → 손자회사 (6년; 2016-2021년).

　주요 회사: 2개 (1-2개씩 관련).

　　　　　티브로드홀딩스 / 티브로드, 티시스.

　　　　* 계열회사2: 2개 (1-2개씩 관련).

　　　　　홍국생명보험, 티시스.

④ 티브로드홀딩스: 티브로드 (2015년 3월 상호 변경).

63. 태영그룹: 2012-2021년

연도	동일인	순위 (위)	계열회사 (개)	자산총액 (10억 원)	매출액 (10억 원)	당기순이익 (10억 원)
2012	윤세영	48	40	5,443	3,636	161
2013	윤세영	48	40	5,912	3,780	104
2014	윤세영	46	42	6,208	3,723	71
2015	윤세영	44	44	6,379	3,283	-46
2016	윤세영	45	43	6,841	3,308	47
2017	윤세영	40	47	7,728	3,677	-16
2018	윤세영	47	48	7,869	5,244	118
2019	윤세영	46	53	8,256	6,328	305
2020	윤세영	37	61	9,720	6,110	36
2021	윤세영	44	63	9,800	5,015	770

	[소유구조]
주요 주주	윤세영 (동일인), 윤석민 (2세)
주요 지배 회사	태영건설, TY홀딩스
주요 계열회사	SBS미디어홀딩스, 티에스케이워터/티에스케이코퍼레이션, 태영건설

◆ 윤세영, 윤석민 → 태영건설, TY홀딩스 → 계열회사 ◆

① [주요 주주]

2명 (0-2명씩 지분 보유).

윤세영 (동일인) ‖ 윤석민 (2세).

지분: 0.6% (5년; 2017-2021년) ‖ 26.2-31% (9년; 2013-2021년).

② [주요 지배 회사]

2개 (1개씩 관련).

태영건설 (상장)(9년; 2012-2020년), TY홀딩스 (상장)(1년; 2021년).

③ [계열회사]

유형: 자회사 → 손자회사 → 증손회사.

주요 회사: 3개 (2-3개씩 관련).

SBS미디어홀딩스 (상장), 티에스케이워터 / 티에스케이코퍼레이션 (= TSK 코퍼레이션), 태영건설.

④ 태영건설, TY홀딩스: 2020년 9월 태영건설 인적분할 후 태영건설 존속, TY홀딩스 신설.

티에스케이워터: 티에스케이코퍼레이션 (2018년 10월 상호 변경;

2021년 10월 에코비트로 상호 변경).

64. POSCO그룹: 2012-2021년

연도	동일인	순위 (위)	계열회사 (개)	자산총액 (10억 원)	매출액 (10억 원)	당기순이익 (10억 원)
2012	POSCO	6	70	80,618	79,661	3,849
2013	POSCO	6	52	81,087	75,868	3,447
2014	POSCO	6	46	83,810	71,220	1,933
2015	POSCO	6	51	84,545	72,094	952
2016	POSCO	6	45	80,233	61,680	1,075
2017	POSCO	6	38	78,175	54,856	1,030
2018	POSCO	6	40	79,709	63,745	3,069
2019	POSCO	6	35	78,307	68,899	1,348
2020	POSCO	6	35	80,340	68,252	2,102
2021	POSCO	6	33	82,036	60,930	1,658

	[소유구조]		
주요 주주	-		
주요 지배 회사	POSCO (동일인)		
주요 계열회사	POSCO강판, POSCO건설, POSCO에너지		

◆ POSCO → 계열회사 ◆

① [주요 주주] -

② [주요 지배 회사]

    1개.

    POSCO (동일인, 상장).

    지분: 23.7-100%.

③ [계열회사]

    유형: 자회사 → 손자회사 → 증손회사 (7년; 2012-2013, 2015-2016, 2019-2021년),

        자회사 → 손자회사 (3년; 2014, 2017-2018년).

    주요 회사: 3개 (3개씩 관련).

        POSCO강판 (상장), POSCO건설, POSCO에너지.

65. 하림그룹: 2016-2021년

연도	동일인	순위 (위)	계열회사 (개)	자산총액 (10억 원)	매출액 (10억 원)	당기순이익 (10억 원)
2016	김홍국	29	58	9,910	6,208	195
2017	김홍국	30	58	10,505	6,377	321
2018	김홍국	32	58	10,515	7,068	417
2019	김홍국	26	53	11,850	7,339	239
2020	김홍국	27	52	12,478	7,331	58
2021	김홍국	31	55	13,044	7,895	120

	[소유구조]		
주요 주주	김홍국 (동일인)		
주요 지배 회사	제일홀딩스/하림지주		
주요 계열회사	하림홀딩스, 선진, 팜스코, 엔에스쇼핑		

◆ 김홍국 → 제일홀딩스/하림지주 → 계열회사 ◆

① [주요 주주]

　1명.

　김홍국 (동일인).

　지분: 8.3-41.8%.

② [주요 지배 회사]

　1개.

　제일홀딩스 (2016-2017년 비상장, 2018년 상장) / 하림지주 (상장).

③ [계열회사]

　유형: 자회사 → 손자회사 → 증손회사 (3년; 2016-2018년),

　　　　자회사 → 손자회사 (3년; 2019-2021년).

　주요 회사: 4개 (3개씩 관련).

　　　　　　하림홀딩스 (상장), 선진 (상장), 팜스코 (상장), 엔에스쇼핑 (상장).

④ 제일홀딩스: 하림지주 (2018년 7월 하림홀딩스 합병 후 상호 변경).

66. 하이트진로그룹: 2012-2021년

연도	동일인	순위 (위)	계열회사 (개)	자산총액 (10억 원)	매출액 (10억 원)	당기순이익 (10억 원)
2012	박문덕	44	15	6,041	1,457	75
2013	박문덕	47	14	6,043	2,125	397
2014	박문덕	47	12	5,850	2,027	54
2015	박문덕	48	12	5,718	1,991	27
2016	박문덕	49	13	5,755	2,045	80
2017	박문덕	55	12	5,544	2,000	83
2018	박문덕	58	12	5,639	2,013	26
2019	박문덕	56	17	5,603	2,056	30
2020	박문덕	61	17	5,443	2,333	-28
2021	박문덕	64	18	5,448	2,562	91

	[소유구조]
주요 주주	박문덕 (동일인)
주요 지배 회사	하이트진로홀딩스
주요 계열회사	하이트진로

◆ 박문덕 → 하이트진로홀딩스 → 계열회사 ◆

① [주요 주주]

　　1명.

　　박문덕 (동일인).

　　지분: 28.9%.

② [주요 지배 회사]

　　1개.

　　하이트진로홀딩스 (상장).

③ [계열회사]

　　유형: 자회사 → 손자회사 (2년; 2012-2013년),

　　　　　자회사 → 손자회사 → 증손회사 (8년; 2014-2021년).

　　주요 회사: 1개.

　　　　　　하이트진로 (상장).

67. 한국GM그룹: 2012-2021년

연도	동일인	순위 (위)	계열회사 (개)	자산총액 (10억 원)	매출액 (10억 원)	당기순이익 (10억 원)
2012	한국GM	29	3	10,244	15,114	126
2013	한국GM	29	3	10,169	15,975	-109
2014	한국GM	32	3	9,061	15,624	102
2015	한국GM	37	2	8,212	12,940	-358
2016	한국GM	43	2	7,472	11,980	-979
2017	한국GM	41	2	7,545	12,294	-630
2018	한국GM	54	2	6,455	10,804	-1,158
2019	한국GM	52	3	6,560	9,287	-856
2020	한국GM	56	3	6,149	9,412	-314
2021	한국GM	57	3	6,299	9,456	-278

	[소유구조]		
주요 주주	-		
주요 지배 회사	한국GM (동일인)		
주요 계열회사	GM코리아, GM테크니컬센터코리아		

◆ 한국GM ⋯ 계열회사 ◆

① [주요 주주] -

② [주요 지배 회사]

　　1개.

　　한국GM (동일인).

　　지분: 지분은 없으며, 계열회사의 임원 선임권을 보유하여 실질적 지배력을 행사함.

③ [계열회사]

　　유형: 자회사.

　　주요 회사: 2개 (1개씩 관련).

　　　　　GM코리아, GM테크니컬센터코리아.

68. 한국타이어그룹: 2012-2021년

연도	동일인	순위 (위)	계열회사 (개)	자산총액 (10억 원)	매출액 (10억 원)	당기순이익 (10억 원)
2012	조양래	50	15	5,245	4,671	315
2013	조양래	46	16	6,053	2,185	3,493
2014	조양래	38	16	7,782	4,782	681
2015	조양래	35	16	8,450	4,707	632
2016	조양래	32	14	9,403	4,444	621
2017	조양래	33	17	8,948	4,251	536
2018	조양래	35	17	9,139	4,244	420
2019	조양래	38	25	9,508	4,296	348
2020	조양래	43	24	9,385	4,323	361
2021	조양래	41	21	9,849	3,965	167

	[소유구조]		
주요 주주	조양래 (동일인), 조현식 조현범 (2세)		친족
주요 지배 회사	한국타이어/한국타이어월드와이드/ 한국테크놀로지그룹/한국앤컴퍼니		-
주요 계열회사	한국타이어/한국타이어앤크놀로지, 아트라스비엑스/한국아트라스비엑스		신양월드레저

◆ {조양래, 조현식, 조현범 →

한국타이어/한국타이어월드와이드/한국테크놀로지그룹/한국앤컴퍼니 → 계열회사} +

{친족 → 계열회사2} ◆

① [주요 주주]

3명 (2-3명씩 지분 보유).

조양래 (동일인) ∥ 조현식 (2세; 아들, 형), 조현범 (2세; 아들, 동생).

지분: 16-23.6% (9년; 2012-2020년) ∥

12.9-60.96% (2세 2명 지분 합)(10년; 2012-2021년).

② [주요 지배 회사]

　1개.

　한국타이어 (상장) / 한국타이어월드와이드 (상장) / 한국테크놀로지그룹 (상장) /

　　한국앤컴퍼니 (상장).

③ [계열회사]

　유형: 자회사 → 손자회사 (9년; 2012-2013, 2015-2021년),

　　　　자회사 → 손자회사 → 증손회사 (1년; 2014년).

　주요 회사: 2개 (1-2개씩 관련).

　　　　　　한국타이어 (상장) / 한국타이어앤크놀로지 (상장),

　　　　　　　아트라스비엑스 (상장) / 한국아트라스비엑스 (상장).

　　　　　* 계열회사2: 1개.

　　　　　　　　　신양월드레저.

④ 한국타이어: 한국타이어월드와이드 (2012년 9월 인적분할 후 상호 변경,

　　　　　　　　　　　　한국타이어 신설),

　　　　　　　한국테크놀로지그룹 (2019년 5월 상호 변경),

　　　　　　　한국앤컴퍼니 (2020년 12월 상호 변경).

　한국타이어: 한국타이어앤테크놀로지 (2019년 5월 상호 변경).

　아트라스비엑스: 한국아트라스비엑스 (2019년 5월 상호 변경).

69. 한국투자금융그룹: 2012-2013, 2016-2021년

연도	동일인	순위 (위)	계열회사 (개)	자산총액 (10억 원)	매출액 (10억 원)	당기순이익 (10억 원)
2012	김남구	47	15	5,473	2,745	66
2013	김남구	45	13	6,129	2,979	574
2016	김남구	35	24	8,331	5,034	551
2017	김남구	28	28	10,736	6,886	1,744
2018	김남구	24	30	11,963	7,108	850
2019	김남구	23	30	13,322	9,638	1,153
2020	김남구	24	28	14,001	11,404	1,330
2021	김남구	25	30	14,649	16,480	1,181

	[소유구조]		
주요 주주	김남구 (동일인)		
주요 지배 회사	한국투자금융지주		
주요 계열회사	한국투자증권, 이큐파트너스/한국투자프라이빗에쿼티		

◆ 김남구 → 한국투자금융지주 → 계열회사 ◆

① [주요 주주]

　　1명.

　　김남구 (동일인).

　　지분: 18.3-18.7%.

② [주요 지배 회사]

　　1개.

　　한국투자금융지주 (상장).

③ [계열회사]

　　유형: 자회사 → 손자회사 → 증손회사.

　　주요 회사: 2개 (1-2개씩 관련).

　　　　　　한국투자증권, 이큐파트너스 / 한국투자프라이빗에쿼티.

④ 이큐파트너스: 한국투자프라이빗에쿼티 (2019년 12월 상호 변경).

70. 한국항공우주산업그룹: 2021년

연도	동일인	순위 (위)	계열회사 (개)	자산총액 (10억 원)	매출액 (10억 원)	당기순이익 (10억 원)
2021	한국항공 우주산업	68	5	5,292	2,859	75

	[소유구조]
주요 주주	-
주요 지배 회사	한국항공우주산업 (동일인)
주요 계열회사	에스앤케이항공

◆ 한국항공우주산업 → 계열회사 ◆

① [주요 주주] -

② [주요 지배 회사]

　　1개.

　　한국항공우주산업 (동일인, 상장).

　　지분: 35-100%.

③ [계열회사]

　　유형: 자회사.

　　주요 회사: 1개.

　　　　　에스앤케이항공.

71. 한라그룹: 2012-2021년

연도	동일인	순위 (위)	계열회사 (개)	자산총액 (10억 원)	매출액 (10억 원)	당기순이익 (10억 원)
2012	정몽원	45	23	5,779	5,725	167
2013	정몽원	40	23	7,541	6,491	-123
2014	정몽원	35	21	8,506	6,297	-246
2015	정몽원	34	23	8,554	4,187	1,423
2016	정몽원	37	22	8,129	6,259	33
2017	정몽원	38	19	8,176	6,845	223
2018	정몽원	41	19	8,293	6,834	111
2019	정몽원	49	15	7,681	6,021	37
2020	정몽원	51	14	7,679	6,241	225
2021	정몽원	51	15	8,104	5,945	169

	[소유구조]		
주요 주주	정몽원 (동일인)		
주요 지배 회사	한라건설/한라, 한라홀딩스		
주요 계열회사	만도, 한라, '한라마이스터 → 한라'		

◆ 정몽원 → 한라건설/한라, 한라홀딩스 → 계열회사 ◆

① [주요 주주]

　　1명.

　　정몽원 (동일인).

　　지분: 17.9-24.3%.

② [주요 지배 회사]

　　2개 (1개씩 관련).

　　한라건설 (상장) / 한라 (상장) (3년; 2012-2014년),

　　　한라홀딩스 (상장)(7년; 2015-2021년).

③ [계열회사]

　　유형: 자회사 → 손자회사 → 증손회사 (6년; 2012-2017년),

　　　　　자회사 → 손자회사 (4년; 2018-2021년).

　　주요 회사: 3개 (1-3개씩 관련).

　　　　　　만도 (상장), 한라, '한라마이스터 → 한라'.

④ 한라건설: 한라 (2013년 9월 상호 변경).

　　만도: 한라홀딩스 (2014년 9월 인적분할 후 상호 변경, 만도 신설).

72. 한솔그룹: 2013-2018년

연도	동일인	순위 (위)	계열회사 (개)	자산총액 (10억 원)	매출액 (10억 원)	당기순이익 (10억 원)
2013	이인희	51	22	5,211	4,355	-27
2014	이인희	50	20	5,261	4,252	-16
2015	이인희	50	21	5,269	2,882	-66
2016	이인희	51	20	5,353	3,993	79
2017	이인희	57	20	5,327	4,039	-81
2018	이인희	60	19	5,099	4,101	-130

	[소유구조]
주요 주주	이인희 (동일인)
주요 지배 회사	한솔제지/한솔홀딩스
주요 계열회사	한솔피엔에스, 한솔라이팅, 한솔이엠이, 한솔로지스틱스

◆ 이인희 → 한솔제지/한솔홀딩스 → 계열회사 ◆

① [주요 주주]

　　1명.

　　이인희 (동일인).

　　지분: 3.5-5.6%.

② [주요 지배 회사]

　　1개.

　　한솔제지 (상장) / 한솔홀딩스 (상장).

③ [계열회사]

　　유형: 자회사 → 손자회사 → 증손회사 (4년; 2013-2016년),

　　　　　자회사 → 손자회사 (2년; 2017-2018년).

　　주요 회사: 4개 (2-3개씩 관련).

　　　　　　　한솔피엔에스 (상장), 한솔라이팅, 한솔이엠이, 한솔로지스틱스 (상장).

④ 한솔제지: 한솔홀딩스 (2015년 1월 인적분할 후 상호 변경, 한솔제지 신설).

73. 한진그룹: 2012-2021년

연도	동일인	순위 (위)	계열회사 (개)	자산총액 (10억 원)	매출액 (10억 원)	당기순이익 (10억 원)
2012	조양호	9	45	37,494	24,035	-1,134
2013	조양호	10	45	37,987	25,502	-518
2014	조양호	10	48	39,522	24,766	-925
2015	조양호	10	46	38,382	23,268	-855
2016	조양호	11	38	37,025	22,315	-307
2017	조양호	14	34	29,114	15,092	-756
2018	조양호	14	28	30,307	15,531	1,222
2019	조원태	13	32	31,730	16,735	45
2020	조원태	14	31	33,549	16,379	-563
2021	조원태	14	31	33,600	10,537	-500

	[소유구조]
주요 주주	조양호 (동일인), 조원태 (동일인, 2세)
주요 지배 회사	정석기업, 한진, 한진칼
주요 계열회사	'한진 → 대한항공', '대한항공 → 한진해운', 한진칼, 대한항공, 한진

◆ 조양호, 조원태 → 정석기업, 한진, 한진칼 → 계열회사 ◆

① [주요 주주]

2명 (1명씩 지분 보유).

조양호 (동일인)(7년; 2012-2018년) ‖ 조원태 (동일인, 2세)(3년; 2019-2021년).

지분: 6.9-27.2% (7년; 2012-2018년) ‖ 2.3-6.5% (3년; 2019-2021년).

② [주요 지배 회사]

3개 (1개씩 관련).

정석기업 (2년; 2012-2013년), 한진 (상장)(1년; 2014년),

한진칼 (상장)(7년; 2015-2021년).

③ [계열회사]

유형: 자회사 → 손자회사 → 증손회사.

주요 회사: 4개 (2-3개씩 관련).

'한진 → 대한항공 (상장)', '대한항공 → 한진해운',

한진칼, 대한항공, 한진.

④ 대한항공, 한진칼: 2013년 8월 대한항공 인적분할 후 대한항공 존속, 한진칼 신설.

74. 한진중공업그룹: 2012-2018년

연도	동일인	순위 (위)	계열회사 (개)	자산총액 (10억 원)	매출액 (10억 원)	당기순이익 (10억 원)
2012	조남호	36	8	8,147	3,328	-85
2013	조남호	33	9	8,772	3,080	31
2014	조남호	33	10	9,025	3,113	-196
2015	조남호	33	9	8,908	3,319	-228
2016	조남호	39	9	7,797	3,316	-541
2017	조남호	52	8	6,579	3,055	-811
2018	조남호	56	7	5,705	2,586	-335

	[소유구조]
주요 주주	조남호 (동일인)
주요 지배 회사	한진중공업홀딩스
주요 계열회사	한진중공업, 대륜E&S

◆ 조남호 → 한진중공업홀딩스 → 계열회사 ◆

① [주요 주주]

　1명.

　조남호 (동일인).

　지분: 46.5%.

② [주요 지배 회사]

　1개.

　한진중공업홀딩스 (상장).

③ [계열회사]

　유형: 자회사 → 손자회사.

　주요 회사: 2개 (2개씩 관련).

　　　한진중공업 (상장), 대륜E&S.

75. 한화그룹: 2012-2021년

연도	동일인	순위 (위)	계열회사 (개)	자산총액 (10억 원)	매출액 (10억 원)	당기순이익 (10억 원)
2012	김승연	10	53	34,263	35,095	995
2013	김승연	11	49	35,944	35,055	1,016
2014	김승연	11	51	37,063	38,461	951
2015	김승연	11	52	37,954	36,924	364
2016	김승연	8	57	54,697	52,364	1,314
2017	김승연	8	61	58,539	55,864	3,206
2018	김승연	8	76	61,319	59,524	3,237
2019	김승연	7	75	65,636	60,162	3,139
2020	김승연	7	86	71,686	57,921	863
2021	김승연	7	83	72,898	56,648	1,820

	[소유구조]	
주요 주주	김승연 (동일인)	친족
주요 지배 회사	한화	-
주요 계열회사	한화케미칼/한화솔루션, 한화건설	한화에스앤씨/에이치솔루션

◆ {김승연 → 한화 → 계열회사} +

　{친족 → 계열회사2} ◆

① [주요 주주]

　1명.

　김승연 (동일인).

　지분: 18.8-22.5%.

② [주요 지배 회사]

　1개.

　한화 (상장).

③ [계열회사]

　유형: 자회사 → 손자회사 → 증손회사.

　주요 회사: 2개 (2개씩 관련).

　　　　　한화케미칼 (상장) / 한화솔루션 (상장), 한화건설.

　　　　* 계열회사2: 1개.

　　　　　　한화에스앤씨 / 에이치솔루션.

④ 한화케미칼: 한화솔루션 (2020년 1월 한화큐셀앤드첨단소재 합병 후 상호 변경;

　　　　　　2019년 9월 한화큐셀앤드첨단소재 인적분할 후 한화글로벌

　　　　　　에셋으로 상호 변경, 한화큐셀앤드첨단소재 신설).

　한화에스앤씨: 에이치솔루션 (2017년 10월 물적분할 후 상호 변경).

76. 현대그룹: 2012-2016년

연도	동일인	순위 (위)	계열회사 (개)	자산총액 (10억 원)	매출액 (10억 원)	당기순이익 (10억 원)
2012	현정은	21	20	13,948	11,095	-509
2013	현정은	22	20	14,965	11,703	-950
2014	현정은	22	20	14,113	11,596	-1,034
2015	현정은	22	20	12,566	10,606	-32
2016	현정은	22	21	12,282	11,481	-517

	[소유구조]
주요 주주	현정은 (동일인)
주요 지배 회사	현대글로벌, 현대엘리베이터
주요 계열회사	'현대로지스틱스 → 현대엘리베이터 → 현대상선', '현대엘리베이터 → 현대상선', 현대상선

◆ 현정은 → 현대글로벌, 현대엘리베이터 → 계열회사 ◆

① [주요 주주]

  1명.

  현정은 (동일인).

  지분: 8.7-91.3%.

② [주요 지배 회사]

  2개 (1개씩 관련).

  현대글로벌 (4년; 2012-2015년), 현대엘리베이터 (상장)(1년; 2016년).

③ [계열회사]

  유형: 자회사 → 손자회사 → 증손회사.

  주요 회사: 3개 (1-3개씩 관련).

          '현대로지스틱스 → 현대엘리베이터 → 현대상선 (상장)',

              '현대엘리베이터 → 현대상선', 현대상선.

77. 현대백화점그룹: 2012-2021년

연도	동일인	순위 (위)	계열회사 (개)	자산총액 (10억 원)	매출액 (10억 원)	당기순이익 (10억 원)
2012	정지선	28	35	10,457	4,740	757
2013	정지선	26	35	11,517	5,250	686
2014	정지선	25	35	11,960	5,623	715
2015	정지선	23	32	12,151	6,044	636
2016	정지선	21	35	12,777	6,837	626
2017	정지선	23	29	13,371	7,073	599
2018	정지선	21	28	14,315	7,389	674
2019	정지선	21	28	15,305	9,029	739
2020	정지선	22	25	16,027	8,920	477
2021	정지선	21	25	18,313	9,516	256

	[소유구조]		
주요 주주	정지선 (동일인)		
주요 지배 회사	현대백화점, 현대그린푸드		
주요 계열회사	'현대홈쇼핑 → 현대에이치씨엔/현대퓨처넷', 리바트/현대리바트		

◆ 정지선 → 현대백화점, 현대그린푸드 → 계열회사 ◆

① [주요 주주]

　　1명.

　　정지선 (동일인).

　　지분: 12.7-17.1%.

② [주요 지배 회사]

　　2개 (2개씩 관련).

　　현대백화점 (상장), 현대그린푸드 (상장).

③ [계열회사]

　　유형: 자회사 → 손자회사 → 증손회사.

　　주요 회사: 3개 (3개씩 관련).

　　　　　'현대홈쇼핑 (상장) → 현대에이치씨엔 (상장) / 현대퓨처넷 (상장)',

　　　　　리바트 (상장) / 현대리바트 (상장).

④ 리바트: 현대리바트 (2014년 3월 상호 변경).

　　현대에이치씨엔: 현대퓨처넷 (2020년 11월 물적분할 후 상호 변경,

　　　　　　　　현대에이치씨엔 신설).

78. 현대자동차그룹: 2012-2021년

연도	동일인	순위 (위)	계열회사 (개)	자산총액 (10억 원)	매출액 (10억 원)	당기순이익 (10억 원)
2012	정몽구	2	56	154,659	156,255	11,804
2013	정몽구	2	57	166,694	163,801	13,396
2014	정몽구	2	57	180,945	158,798	14,725
2015	정몽구	2	51	194,093	165,631	12,677
2016	정몽구	2	51	209,694	171,409	12,227
2017	정몽구	2	53	218,625	170,203	11,376
2018	정몽구	2	56	222,654	171,033	7,731
2019	정몽구	2	53	223,493	173,791	4,077
2020	정몽구	2	54	234,706	185,315	7,908
2021	정의선	2	53	246,084	181,916	3,865

	[소유구조]		
주요 주주	정몽구 (동일인), 정의선 (동일인, 2세)		
주요 지배 회사	현대자동차, 현대모비스		
주요 계열회사	기아자동차/기아, 현대건설		

◆ 정몽구, 정의선 → 현대자동차, 현대모비스 → 계열회사 ◆

① [주요 주주]

2명 (1명씩 지분 보유).

정몽구 (동일인)(9년; 2012-2020년) ‖ 정의선 (동일인, 2세)(1년; 2021년).

지분: 4-7.1% (9년; 2012-2020년) ‖ 0.3-2% (1년; 2021년).

② [주요 지배 회사]

2개 (2개씩 관련).

현대자동차 (상장), 현대모비스 (상장).

③ [계열회사]

유형: 자회사 → 손자회사 → 증손회사.

주요 회사: 2개 (2개씩 관련)

기아자동차 (상장) / 기아 (상장), 현대건설 (상장).

* 순환출자: 현대자동차 → 기아자동차/기아 → 현대모비스 → 현대자동차.

④ 기아자동차: 기아 (2021년 3월 상호 변경).

79. 현대중공업그룹: 2012-2021년

연도	동일인	순위 (위)	계열회사 (개)	자산총액 (10억 원)	매출액 (10억 원)	당기순이익 (10억 원)
2012	정몽준	7	24	55,771	61,439	3,254
2013	정몽준	7	26	56,451	63,417	1,516
2014	정몽준	7	26	58,395	60,804	367
2015	정몽준	8	27	57,472	58,622	-2,571
2016	정몽준	9	26	53,497	49,400	-1,363
2017	정몽준	9	29	54,347	42,818	1,228
2018	정몽준	10	28	56,055	41,747	5,750
2019	정몽준	10	31	54,808	45,966	302
2020	정몽준	9	30	62,863	47,877	695
2021	정몽준	9	33	63,803	38,676	-1,161

	[소유구조]		
주요 주주	정몽준 (동일인)		
주요 지배 회사	현대중공업, 현대로보틱스/현대중공업지주		
주요 계열회사	현대삼호중공업, 현대오일뱅크, 현대중공업/한국조선해양		

◆ 정몽준 → 현대중공업, 현대로보틱스/현대중공업지주 → 계열회사 ◆

① [주요 주주]

　1명.

　정몽준 (동일인).

　지분: 10.15-26.6%.

② [주요 지배 회사]

　2개 (1개씩 관련).

　현대중공업 (상장)(5년; 2012-2016년),

　　현대로보틱스 (상장) / 현대중공업지주 (상장) (5년; 2017-2021년).

③ [계열회사]

　　유형: 자회사 → 손자회사 → 증손회사.

　　주요 회사: 3개 (2개씩 관련).

　　　　　　현대삼호중공업, 현대오일뱅크,

　　　　　　현대중공업 (2017-2019년 상장, 2020-2021년 비상장) /

　　　　　　한국조선해양 (상장).

④ 현대중공업, 현대로보틱스: 2017년 4월 현대중공업 인적분할 후 현대중공업 존속,

　　　　　　　　　　　　현대로보틱스 신설.

　　현대로보틱스: 현대중공업지주 (2018년 3월 상호 변경).

　　현대중공업: 한국조선해양 (2019년 6월 물적분할 후 상호 변경, 현대중공업 신설).

80. 현대해상화재보험그룹: 2021년

연도	동일인	순위 (위)	계열회사 (개)	자산총액 (10억 원)	매출액 (10억 원)	당기순이익 (10억 원)
2021	정몽윤	67	21	5,322	18,091	327

	[소유구조]	
주요 주주	정몽윤 (동일인)	친족
주요 지배 회사	현대해상화재보험	-
주요 계열회사	현대하이카손해사정	에이치지이니셔티브

◆ {정몽윤 → 현대해상화재보험 → 계열회사} +

　{친족 → 계열회사2} ◆

① [주요 주주]

　　1명.

　　정몽윤 (동일인).

　　지분: 21.9%.

② [주요 지배 회사]

　　1개.

　　현대해상화재보험 (상장).

③ [계열회사]

　　유형: 자회사 → 손자회사.

　　주요 회사: 1개.

　　　　현대하이카손해사정.

　　　* 계열회사2: 1개.

　　　　　에이치지이니셔티브.

81. 호반건설그룹: 2017-2021년

연도	동일인	순위 (위)	계열회사 (개)	자산총액 (10억 원)	매출액 (10억 원)	당기순이익 (10억 원)
2017	김상열	47	48	7,001	5,448	945
2018	김상열	44	42	7,988	6,777	1,628
2019	김상열	44	33	8,472	3,617	721
2020	김상열	44	36	9,146	4,571	535
2021	김상열	37	42	10,698	3,758	322

	[소유구조]	
주요 주주	김상열 (동일인), 김대헌 (2세)	김민성 (2세)
주요 지배 회사	호반건설, 호반건설주택	호반건설산업/호반산업
주요 계열회사	우방이엔씨, 스카이리빙, 호반호텔앤리조트	티에스주택

◆ {김상열, 김대헌 → 호반건설, 호반건설주택 → 계열회사} +

{김민성 → 호반건설산업/호반산업 → 계열회사} ◆

① [주요 주주]

3명 (1-2명씩 독립적으로 지분 보유).

김상열 (동일인) ‖ 김대헌 (2세; 아들, 형) ‖ 김민성 (2세; 아들, 동생).

지분: 10.5-29.1% (5년; 2017-2021년) ‖ 51.4-85.7% (5년; 2017-2021년) ‖

42-72.4% (5년; 2017-2021년).

② [주요 지배 회사]

3개 (2-3개 중 1개씩 독립적으로 관련).

호반건설 (5년; 2017-2021년), 호반건설주택 (2년; 2017-2018년),

호반건설산업 / 호반산업 (5년; 2017-2021년).

③ [계열회사]

유형: 자회사 → 손자회사 (4년; 2017-2018, 2020-2021년),

자회사 → 손자회사 → 증손회사 (1년; 2019년).

주요 회사: 4개 (1-2개씩 독립적으로 관련).

우방이엔씨, 스카이리빙, 호반호텔앤리조트, 티에스주택.

④ 호반건설산업: 호반산업 (2018년 8월 상호 변경).

호반건설, 호반건설주택: 2018년 11월 호반건설이 호반건설주택(2018년 초 호반으로

상호 변경) 합병.

82. 홈플러스그룹: 2012-2015년

연도	동일인	순위 (위)	계열회사 (개)	자산총액 (10억 원)	매출액 (10억 원)	당기순이익 (10억 원)
2012	홈플러스	38	3	7,639	8,399	294
2013	홈플러스	36	3	8,102	8,992	381
2014	홈플러스	36	3	7,952	8,730	582
2015	홈플러스	38	4	8,089	9,159	499

	[소유구조]
주요 주주	-
주요 지배 회사	홈플러스 (동일인)
주요 계열회사	홈플러스테스코

◆ 홈플러스 → 계열회사 ◆

① [주요 주주] -

② [주요 지배 회사]

　　1개.

　　홈플러스 (동일인).

　　지분: 48.2-100%.

③ [계열회사]

　　유형: 자회사.

　　주요 회사: 1개.

　　　　홈플러스테스코.

83. 효성그룹: 2012-2021년

연도	동일인	순위 (위)	계열회사 (개)	자산총액 (10억 원)	매출액 (10억 원)	당기순이익 (10억 원)
2012	조석래	25	45	11,654	12,386	-162
2013	조석래	27	48	11,442	12,543	84
2014	조석래	26	44	11,211	12,336	-387
2015	조석래	25	45	11,190	11,939	231
2016	조석래	24	45	11,546	12,116	377
2017	조석래	25	46	11,475	12,234	595
2018	조석래	26	52	11,656	12,966	492
2019	조석래	22	57	13,472	10,862	3,223
2020	조석래	26	54	13,472	14,876	243
2021	조현준	29	50	13,281	12,538	357

	[소유구조]	
주요 주주	조석래 (동일인), 조현준 (동일인, 2세), 조현상 (2세)	친족
주요 지배 회사	효성	-
주요 계열회사	효성ITX, 노틸러스효성/효성티앤에스	트리니티에셋매니지먼트, 신동진

◆ {조석래, 조현준, 조현상 → 효성 → 계열회사} +

　{친족 → 계열회사2} ◆

① [주요 주주]

　3명 (1-3명씩 지분 보유).

　조석래 (동일인)(9년; 2012-2020년) ‖

　　조현준 (동일인, 2세; 아들, 형)(1년; 2021년) ‖ 조현상 (2세; 아들, 동생).

　지분: 9.4-10.3% (10년; 2012-2021년) ‖

　　7-21.9% (5년; 2012-2013, 2019-2021년) ‖ 21.4% (3년; 2019-2021년).

② [주요 지배 회사]

　1개.

　효성 (상장).

③ [계열회사]

　　유형: 자회사 → 손자회사 → 증손회사 (9년; 2012-2020년),

　　　　　자회사 → 손자회사 (1년; 2021년).

　　주요 회사: 2개 (2개씩 관련).

　　　　　　효성ITX (= 효성아이티엑스; 상장), 노틸러스효성 / 효성티앤에스.

　　　　　* 계열회사2: 2개 (2개씩 관련).

　　　　　　　트리니티에셋매니지먼트, 신동진.

④ 노틸러스효성: 효성티앤에스 (2018년 4월 상호 변경).

84. 부산항만공사그룹: 2012-2016년

연도	동일인	순위 (위)	계열회사 (개)	자산총액 (10억 원)	매출액 (10억 원)	당기순이익 (10억 원)
2012	부산항만공사	11	2	5,025	283	66
2013	부산항만공사	10	2	5,111	274	47
2014	부산항만공사	12	2	5,221	292	72
2015	부산항만공사	11	2	5,444	358	107
2016	부산항만공사	12	2	5,543	448	130

	[소유구조]
주요 주주	-
주요 지배 회사	부산항만공사 (동일인)
주요 계열회사	부산항만보안/부산항보안공사

주: 순위: 공기업집단 중에서의 순위.

◆ 부산항만공사 → 계열회사 ◆

① [주요 주주] -

② [주요 지배 회사]

　　1개.

　　부산항만공사 (동일인).

　　지분: 9-100%.

③ [계열회사]

　　유형: 자회사.

　　주요 회사: 1개.

　　　　　　부산항만보안 / 부산항보안공사.

④ 부산항만보안: 부산항보안공사 (2011년 2월 상호 변경; 부산항보안공사 홈페이지
　　　　　　　　　정보이며, 지분도에서의 상호 및 상호 변경 시기와는
　　　　　　　　　차이가 있음).

85. 서울메트로그룹: 2014-2016년

연도	동일인	순위 (위)	계열회사 (개)	자산총액 (10억 원)	매출액 (10억 원)	당기순이익 (10억 원)
2014	서울메트로	11	3	6,380	1,101	-128
2015	서울메트로	10	3	6,227	1,172	-155
2016	서울메트로	10	4	6,271	1,254	-140

	[소유구조]
주요 주주	-
주요 지배 회사	서울메트로 (동일인)
주요 계열회사	서울메트로환경

주: 순위: 공기업집단 중에서의 순위.

◆ 서울메트로 → 계열회사 ◆

① [주요 주주] -

② [주요 지배 회사]

　　1개.

　　서울메트로 (동일인).

　　지분: 70-100%.

③ [계열회사]

　　유형: 자회사.

　　주요 회사: 1개.

　　　　　서울메트로환경.

86. 서울특별시도시철도공사그룹: 2012-2016년

연도	동일인	순위 (위)	계열회사 (개)	자산총액 (10억 원)	매출액 (10억 원)	당기순이익 (10억 원)
2012	서울특별시 도시철도공사	10	2	6,863	551	-282
2013	서울특별시 도시철도공사	9	2	6,646	626	-198
2014	서울특별시 도시철도공사	10	3	6,510	645	-286
2015	서울특별시 도시철도공사	9	3	7,077	709	-270
2016	서울특별시 도시철도공사	11	3	6,111	752	-273

	[소유구조]		
주요 주주	-		
주요 지배 회사	서울특별시도시철도공사 (동일인)		
주요 계열회사	서울도시철도엔지니어링		

주: 순위: 공기업집단 중에서의 순위.

◆ 서울특별시도시철도공사 → 계열회사 ◆

① [주요 주주] -

② [주요 지배 회사]

　　1개.

　　서울특별시도시철도공사 (동일인).

　　지분: 100%.

③ [계열회사]

　　유형: 자회사.

　　주요 회사: 1개.

　　　　서울도시철도엔지니어링.

87. SH공사그룹: 2016년

연도	동일인	순위 (위)	계열회사 (개)	자산총액 (10억 원)	매출액 (10억 원)	당기순이익 (10억 원)
2016	SH공사	5	2	23,665	2,524	117

	[소유구조]
주요 주주	-
주요 지배 회사	SH공사 (동일인)
주요 계열회사	서울리츠임대주택제1호위탁관리부동산투자회사

주: 순위: 공기업집단 중에서의 순위.

◆ SH공사 → 계열회사 ◆

① [주요 주주] -

② [주요 지배 회사]

　　1개.

　　SH공사 (동일인).

　　지분: 100%.

③ [계열회사]

　　유형: 자회사.

　　주요 회사: 1개.

　　　　　서울리츠임대주택제1호위탁관리부동산투자회사.

88. 인천국제공항공사그룹: 2012-2014년

연도	동일인	순위 (위)	계열회사 (개)	자산총액 (10억 원)	매출액 (10억 원)	당기순이익 (10억 원)
2012	인천국제 공항공사	9	2	7,806	1,559	272
2013	인천국제 공항공사	8	2	7,954	1,687	504
2014	인천국제 공항공사	9	2	7,832	1,702	474

	[소유구조]
주요 주주	-
주요 지배 회사	인천국제공항공사 (동일인)
주요 계열회사	인천공항에너지

주: 순위: 공기업집단 중에서의 순위.

◆ 인천국제공항공사 → 계열회사 ◆

① [주요 주주] -

② [주요 지배 회사]

　　1개.

　　인천국제공항공사 (동일인).

　　지분: 0.3-99%.

③ [계열회사]

　　유형: 자회사.

　　주요 회사: 1개.

　　　　인천공항에너지.

89. 인천도시공사그룹: 2012-2016년

연도	동일인	순위 (위)	계열회사 (개)	자산총액 (10억 원)	매출액 (10억 원)	당기순이익 (10억 원)
2012	인천도시공사	8	3	10,119	465	-40
2013	인천도시공사	7	3	10,962	712	-60
2014	인천도시공사	8	3	11,252	1,303	-243
2015	인천도시공사	8	4	11,741	1,218	21
2016	인천도시공사	9	3	10,773	1,142	7

	[소유구조]
주요 주주	-
주요 지배 회사	인천도시공사 (동일인)
주요 계열회사	송도글로벌대학캠퍼스/인천글로벌캠퍼스

주: 순위: 공기업집단 중에서의 순위.

◆ 인천도시공사 → 계열회사 ◆

① [주요 주주] -

② [주요 지배 회사]

　　1개.

　　인천도시공사 (동일인).

　　지분: 19.5-39%.

③ [계열회사]

　　유형: 자회사.

　　주요 회사: 1개.

　　　　　　송도글로벌대학캠퍼스 / 인천글로벌캠퍼스.

④ 송도글로벌대학캠퍼스: 인천글로벌캠퍼스 (2014년 12월 이후 상호 변경).

90. 한국가스공사그룹: 2012-2016년

연도	동일인	순위 (위)	계열회사 (개)	자산총액 (10억 원)	매출액 (10억 원)	당기순이익 (10억 원)
2012	한국가스공사	4	3	34,417	28,431	200
2013	한국가스공사	4	3	39,545	34,720	504
2014	한국가스공사	4	3	42,461	37,634	-262
2015	한국가스공사	4	2	45,245	36,924	108
2016	한국가스공사	4	4	40,532	25,670	65

	[소유구조]
주요 주주	-
주요 지배 회사	한국가스공사 (동일인)
주요 계열회사	한국가스기술공사

주: 순위: 공기업집단 중에서의 순위.

◆ 한국가스공사 → 계열회사 ◆

① [주요 주주] -

② [주요 지배 회사]

　　1개.

　　한국가스공사 (동일인, 상장).

　　지분: 50.2-100%.

③ [계열회사]

　　유형: 자회사 → 손자회사 (2년; 2012-2013년),

　　　　자회사 (3년; 2014-2016년).

　　주요 회사: 1개.

　　　　　　한국가스기술공사.

91. 한국도로공사그룹: 2012-2016년

연도	동일인	순위 (위)	계열회사 (개)	자산총액 (10억 원)	매출액 (10억 원)	당기순이익 (10억 원)
2012	한국도로공사	3	3	49,332	5,741	100
2013	한국도로공사	3	3	51,513	6,978	82
2014	한국도로공사	3	3	53,544	6,993	81
2015	한국도로공사	3	3	55,475	7,666	120
2016	한국도로공사	3	3	57,656	8,612	133

	[소유구조]		
주요 주주	-		
주요 지배 회사	한국도로공사 (동일인)		
주요 계열회사	한국건설관리공사		

주: 순위: 공기업집단 중에서의 순위.

◆ 한국도로공사 → 계열회사 ◆

① [주요 주주] -

② [주요 지배 회사]

　　1개.

　　한국도로공사 (동일인).

　　지분: 42.5%.

③ [계열회사]

　　유형: 자회사.

　　주요 회사: 1개.

　　　　　한국건설관리공사.

92. 한국석유공사그룹: 2012, 2014-2016년

연도	동일인	순위 (위)	계열회사 (개)	자산총액 (10억 원)	매출액 (10억 원)	당기순이익 (10억 원)
2012	한국석유공사	5	2	23,874	1,277	106
2014	한국석유공사	6	2	22,529	1,134	162
2015	한국석유공사	7	2	20,163	1,041	-2,703
2016	한국석유공사	8	2	17,466	1,269	-4,956

	[소유구조]
주요 주주	-
주요 지배 회사	한국석유공사 (동일인)
주요 계열회사	오일허브코리아여수, 코리아오일터미널

주: 순위: 공기업집단 중에서의 순위.

◆ 한국석유공사 → 계열회사 ◆

① [주요 주주] -

② [주요 지배 회사]

　　1개.

　　한국석유공사 (동일인).

　　지분: 51-82.3%.

③ [계열회사]

　　유형: 자회사.

　　주요 회사: 2개 (1개씩 관련).

　　　　　　오일허브코리아여수, 코리아오일터미널.

④ 코리아오일터미널: 코리아에너지터미널 (2019년 6월 상호 변경).

93. 한국수자원공사그룹: 2012-2016년

연도	동일인	순위 (위)	계열회사 (개)	자산총액 (10억 원)	매출액 (10억 원)	당기순이익 (10억 원)
2012	한국수자원공사	6	2	23,420	6,327	293
2013	한국수자원공사	5	2	24,947	3,627	308
2014	한국수자원공사	5	2	25,478	3,593	341
2015	한국수자원공사	5	2	25,281	3,666	296
2016	한국수자원공사	6	2	19,305	3,660	-5,804

	[소유구조]
주요 주주	-
주요 지배 회사	한국수자원공사 (동일인)
주요 계열회사	워터웨이플러스

주: 순위: 공기업집단 중에서의 순위.

◆ 한국수자원공사 → 계열회사 ◆

① [주요 주주] -

② [주요 지배 회사]

　　1개.

　　한국수자원공사 (동일인).

　　지분: 100%.

③ [계열회사]

　　유형: 자회사.

　　주요 회사: 1개.

　　　　워터웨이플러스.

94. 한국전력공사그룹: 2012-2016년

연도	동일인	순위 (위)	계열회사 (개)	자산총액 (10억 원)	매출액 (10억 원)	당기순이익 (10억 원)
2012	한국전력공사	1	17	165,931	77,373	-2,189
2013	한국전력공사	1	22	176,017	87,439	-2,131
2014	한국전력공사	1	24	186,573	90,806	638
2015	한국전력공사	1	24	196,253	94,668	3,574
2016	한국전력공사	1	27	208,286	94,740	14,653

	[소유구조]		
주요 주주	-		
주요 지배 회사	한국전력공사 (동일인)		
주요 계열회사	한국서부발전, 한국남동발전		

주: 순위: 공기업집단 중에서의 순위.

◆ 한국전력공사 → 계열회사 ◆

① [주요 주주] -

② [주요 지배 회사]

　　1개.

　　한국전력공사 (동일인, 상장).

　　지분: 25-100%.

③ [계열회사]

　　유형: 자회사 → 손자회사.

　　주요 회사: 2개 (2개씩 관련).

　　　　　　한국서부발전, 한국남동발전.

95. 한국지역난방공사그룹: 2014년

연도	동일인	순위 (위)	계열회사 (개)	자산총액 (10억 원)	매출액 (10억 원)	당기순이익 (10억 원)
2014	한국지역 난방공사	13	3	5,049	2,911	120

	[소유구조]
주요 주주	-
주요 지배 회사	한국지역난방공사 (동일인)
주요 계열회사	한국지역난방기술

주: 순위: 공기업집단 중에서의 순위.

◆ 한국지역난방공사 → 계열회사 ◆

① [주요 주주] -
② [주요 지배 회사]

　　1개.

　　한국지역난방공사 (동일인, 상장).

　　지분: 50%.

③ [계열회사]

　　유형: 자회사.

　　주요 회사: 1개.

　　　　　한국지역난방기술.

96. 한국철도공사그룹: 2012-2016년

연도	동일인	순위 (위)	계열회사 (개)	자산총액 (10억 원)	매출액 (10억 원)	당기순이익 (10억 원)
2012	한국철도공사	7	10	22,265	4,614	165
2013	한국철도공사	6	10	20,154	5,136	-2,864
2014	한국철도공사	7	11	22,136	5,421	-4,427
2015	한국철도공사	6	11	21,939	5,680	-407
2016	한국철도공사	7	9	18,411	5,714	586

	[소유구조]		
주요 주주	-		
주요 지배 회사	한국철도공사 (동일인)		
주요 계열회사	코레일네트웍스		

주: 순위: 공기업집단 중에서의 순위.

◆ 한국철도공사 → 계열회사 ◆

① [주요 주주] -

② [주요 지배 회사]

　　1개.

　　한국철도공사 (동일인).

　　지분: 29.4-100%.

③ [계열회사]

　　유형: 자회사 → 손자회사.

　　주요 회사: 1개.

　　　　코레일네트웍스.

97. 한국토지주택공사그룹: 2012-2016년

연도	동일인	순위 (위)	계열회사 (개)	자산총액 (10억 원)	매출액 (10억 원)	당기순이익 (10억 원)
2012	한국토지 주택공사	2	4	158,742	15,311	781
2013	한국토지 주택공사	2	5	168,085	18,426	1,217
2014	한국토지 주택공사	2	5	173,716	18,326	692
2015	한국토지 주택공사	2	5	171,782	21,291	712
2016	한국토지 주택공사	2	5	170,022	23,803	948

	[소유구조]		
주요 주주	-		
주요 지배 회사	한국토지주택공사 (동일인)		
주요 계열회사	주택관리공단		

주: 순위: 공기업집단 중에서의 순위.

◆ 한국토지주택공사 → 계열회사 ◆

① [주요 주주] -

② [주요 지배 회사]

　　1개.

　　한국토지주택공사 (동일인).

　　지분: 33.5-100%.

③ [계열회사]

　　유형: 자회사.

　　주요 회사: 1개.

　　　　　주택관리공단.

참고문헌

1. 공정거래위원회 홈페이지(www.ftc.go.kr) 자료

대기업집단의 소유지분구조 공개 (2004.12.28.).
2005년 대기업집단의 소유지배구조에 관한 정보 공개 (2005.7.13.).
2006년 대규모기업집단 소유지배구조에 대한 정보 공개 (2006.7.31.).
2007년 대규모기업집단 소유지분구조에 대한 정보 공개 (2007.9.3.).
2008년 대규모기업집단 소유지분구조에 대한 정보 공개 (2008.11.6.).
2009년 대기업집단 주식 소유 현황 등에 대한 정보 공개 (2009.10.23.).
2010년 대기업집단 주식 소유 현황 등에 대한 정보 공개 (2010.10.11.).
2011년 대기업집단 주식 소유 현황 등에 대한 정보 공개 (2011.7.28.).
2012년 대기업집단 주식 소유 현황 및 소유지분도에 대한 정보 공개 (2012.6.29.).
2013년 대기업집단 주식 소유 현황 정보 공개 (2013.5.30.).
2014년 대기업집단 주식 소유 현황 공개 (2014.7.10.).
2015년 대기업집단 주식 소유 현황 공개 (2015.6.30.).
공정위, 2016년 상호출자제한기업집단 주식 소유 현황 공개 (2016.7.7.).
공정위, 2017년 공시대상기업집단 주식 소유 현황 공개 (2017.11.30.).
2018년 공시대상기업집단 주식 소유 현황 (2018.8.27.).
2019년 공시대상기업집단 주식 소유 현황 (2019.9.5.).
2020년 공시대상기업집단 주식 소유 현황 분석·공개 (2020.8.31.).
2021년 공시대상기업집단 주식 소유 현황 분석·공개 (2021.9.1.).

지주회사 설립 동향 (2000.3.10.).
지주회사 설립 동향 (2000.5.31.).
지주회사 전환·설립 신고 현황 (2001.5.11.).
지주회사 설립·전환 신고 동향 (2001.8.7.).
2003년 지주회사 현황 (2003.8.15.).
2004년 지주회사 현황 (2004.7.1.).
2005년 8월 말 현재 지주회사 현황 (2005.9.30.).
2006년 공정거래법상 지주회사 현황 분석 (2006.11.1.).
2007년 공정거래법상 지주회사 현황 분석 (2007.10.4.).
2008년 공정거래법상 지주회사 현황 분석 결과 발표 (2008.10.30.).
2009년 공정거래법상 지주회사 현황 분석 결과 (2009.10.28.).
지주회사 증가 추세 계속 (2010.11.8.).
2011년 공정거래법상 지주회사 현황 분석 결과 발표 (2011.10.27.).
2012년 공정거래법상 지주회사 현황 분석 결과 발표 (2012.10.25.).

2013년 공정거래법상 지주회사 현황 분석 결과 발표 (2013.11.6.).

2014년 공정거래법상 지주회사 현황 분석 결과 발표 (2014.10.29.).

2015년 공정거래법상 지주회사 현황 분석 결과 발표 (2015.10.29.).

공정위, 2016년 공정거래법상 지주회사 현황 분석 결과 발표 (2016.11.2.).

공정위, 2017년 공정거래법상 지주회사 현황 분석 결과 발표 (2017.11.2.).

2018년 공정거래법상 지주회사 현황 분석 결과 발표 (2018.11.13.).

2019년 공정거래법상 지주회사 현황 분석 결과 발표 (2019.11.11.).

2020년 공정거래법상 지주회사 현황 분석 결과 발표 (2020.11.18.).

2021년 공정거래법상 지주회사 현황 분석 결과 발표 (2021.6.10.).

99년도 대규모기업집단 지정 (1999.4.6.).

2000년도 대규모기업집단 지정 (2000.4.17.).

2001년도 대규모기업집단 지정 (2001.4.2.).

2002년도 출자총액제한대상기업집단 지정 (2002.4.3.).

2003년도 상호출자제한기업집단 등 지정 (2003.4.2.).

2004년도 상호출자제한기업집단 등 지정 (2004.4.2.).

개편된 대기업집단제도에 따른 2005년도 상호출자제한기업집단 등 지정 (2005.4.8.).

2006년도 상호출자제한기업집단 등 지정 (2006.4.14.).

2007년도 상호출자제한기업집단 등 지정 (2007.4.13.).

2008년도 상호출자제한기업집단 등 지정 (2008.4.4.).

공정위, 자산 5조 원 이상 48개 상호출자제한기업집단 지정 (2009.4.1.).

공정위, 자산 5조 원 이상 53개 상호출자제한기업집단 지정 (2010.4.1.).

공정위, 자산 5조 원 이상 상호출자제한기업집단으로 55개 지정 (2011.4.5.).

공정위, 자산 5조 원 이상 상호출자제한기업집단으로 63개 지정 (2012.4.12.).

공정위, 자산 5조 원 이상 상호출자제한기업집단 62개 지정 (2013.4.1.).

공정위, 자산 5조 원 이상 상호출자제한기업집단 63개 지정 (2014.4.1.).

공정위, 자산 5조 원 이상 상호출자제한기업집단 61개 지정 (2015.4.1.).

공정위, 65개 상호출자제한기업집단 지정 (2016.4.1.).

공정위, 31개 상호출자제한기업집단 지정 (2017.5.1.).

공정위, 57개 공시대상기업집단 지정 (2017.9.1.).

공정위, 60개 공시대상기업집단 지정 (2018.4.30.).

공정위, 59개 공시대상기업집단 지정 (2019.5.15.).

2020년도 공시대상기업집단 64곳 지정 (2020.5.1.).

2021년도 공시대상기업집단 71개 지정 (2021.4.29.).

2022년도 공시대상기업집단 76개 지정 (2022.4.27.).

대규모기업집단 소속 회사 수 현황, 1987-1999.

대규모기업집단 자산총액 현황, 1987-1999.

대규모기업집단 자본총액·자본금 등 현황, 1987-1999.

대규모기업집단 내부지분율 현황, 1989-1999.

2010년 대기업집단 지배구조 현황에 대한 정보 공개 (2010.12.10.).

2011년 대기업집단 지배구조 현황에 대한 정보 공개 (2011.11.4.).

2012년 대기업집단 지배구조 현황에 대한 정보 공개 (2012.9.27.).
2013년 대기업집단 지배구조 현황 정보 공개 (2013.12.26.).
2014년 대기업집단 지배구조 현황 정보 공개 (2014.11.27.).
2015년 대기업집단 지배구조 현황 분석·발표 (2015.12.23.).
2016년 대기업집단 지배구조 현황 분석·발표 (2016.12.22.).
2017년 상호출자제한기업집단 지배구조 현황 공개 (2017.12.27.).
2018년 공시대상기업집단 지배구조 현황 공개 (2018.12.6.).
2019년 공시대상기업집단 지배구조 현황 공개 (2019.12.9.).
2020년 공시대상기업집단 지배구조 현황 공개 (2020.12.9.).
2021년 공시대상기업집단 지배구조 현황 공개 (2021.12.2.).

2. 기업집단포털(www.egroup.go.kr) 자료

1. **지분도*.**
2. 주식 소유: 집단별 소속 회사 소유지분구조 현황, 집단별 소속 회사 간 주식 보유 현황, 집단별 순환출자 현황, 내부지분(대동 비교), 특수관계인 내부지분, 내부 지분(주식수 대비).
3. 지주회사: 설립/전환 신고 현황, 자회사 및 손자회사 현황, 계열사 관계 현황.
4. 지배구조: 사외이사 현황, 이사회 내 위원회 현황, 주주총회 의결권 관련 제도 현황.
5. 기업집단: 지정 현황, 집단별 계열사 수 및 자산총액, 그룹 관련 현황, 집단별 기업공개 현황.
6. 소속 회사: 기업집단 소속 회사 조회, 소속 회사 개요, 소속 회사 재무 현황, 소속 회사 임원 현황, 소속 회사 주주 현황, 소속 회사 참여 업종 현황.
7. 경영성과 정보: 기업집단 경영성과 정보, 기업집단 간 비교, 회사 간 비교.
8. 채무보증: 집단별 소속사 간 채무보증 현황, 제한 제외 사유별 현황.

3. 금융감독원 전자공시시스템(http://dart.fss.or.kr) 자료

사업보고서, 반기보고서, 분기보고서; 감사보고서, 연결감사보고서.

4. 일반문헌: '김동운 (Dong-Woon Kim)' 집필 자료

(1999, 공저) <한국재벌개혁론>, 나남출판.
(1999, 공저) <한국 5대 재벌 백서, 1995-1997>, 나남출판.
(2001) <박승직상점, 1882-1951년>, 혜안.
(2005, 공저) <재벌의 경영지배구조와 인맥 혼맥>, 나남출판.
(2008, 공저) <대한민국기업사 1>, 중앙북스.
(2008) <한국재벌과 개인적 경영자본주의>, 혜안.
(2010, 공저> <대한민국기업사 2>, 주영사.

(2011) <한국재벌과 지주회사체제: LG와 SK>, 이담북스.
(2013) <한국재벌과 지주회사체제: CJ와 두산>, 이담북스.
(2015) <한국재벌과 지주회사체제: GS와 LS>, 이담북스.
(2016) <한국재벌과 지주회사체제: 34개 재벌의 현황과 자료>, 한국학술정보.
(2017) <한국재벌과 지주회사체제: 34개 재벌의 추세와 특징>, 한국학술정보.
(2019) <한국의 대규모기업집단 30년, 1987-2016> 1·2권, 한국학술정보.
(2020) <한국재벌과 지주회사체제 20년, 2000-2019>, 한국학술정보.
(2020) <구광모와 박정원: 재벌 4세의 소유 경영 승계>, 한국학술정보.
(2021) 'The Emergence of New Corporate Governance and the Consolidation of Personalized Managerial Capitalism in South Korea' in K. Sogner and A. Colli (eds.), <The Emergence of Corporate Governance: People, Power, and Performance>, Routledge.

(2003), 'Interlocking Ownership in the Korean Chaebol', <Corporate Governance: An International Review> 11-2.
(2007) 'LG그룹 지주회사체제의 성립과정과 의의', <경영사학> 22-1.
(2010) '한진중공업그룹 지주회사체제의 성립과정과 의의', <지역사회연구> 18-1.
(2010) '한국재벌과 지주회사체제 - SK그룹의 사례', <경영사학> 25-2.
(2010) '금호아시아나그룹과 지주회사체제', <지역사회연구> 18-3.
(2011) '대규모기업집단과 지주회사', <지역사회연구> 19-1.
(2011) '공정거래법상 지주회사의 주요 추세와 특징 - 신설·존속 지주회사, 계열회사, 지주 비율, 자산총액을 중심으로', <기업경영연구> 18-2.
(2011) 'LG그룹 지주회사체제와 개인화된 지배구조의 강화, 2001-2010년', <경영사학> 26-3.
(2012) '지주회사체제와 개인화된 지배구조의 강화: CJ그룹의 사례, 1997-2012년', <경영사학> 27-3.
(2012) '두산그룹 지주회사체제와 개인화된 소유지배구조의 강화, 1998-2011년', <질서경제저널> 15-3.
(2012) 'CJ그룹과 두산그룹의 지주회사체제 성립과정: 주요 추세 및 특징의 비교', <유라시아연구> 9-3.
(2013) '두산그룹 지주회사체제와 개인화된 경영지배구조의 강화, 1998-2011년', <질서경제저널> 16-1.
(2013) '한국재벌과 지주회사체제: 주요 추세 및 특징, 2001-2011년', <경영사학> 28-2.
(2013) 'BS금융그룹과 DGB금융그룹', <지역사회연구> 21-4.
(2014) '대규모기업집단의 변천, 1987-2013년: 지정 연도 수 및 순위를 중심으로', <경영사학> 29-2.
(2014) 'GS그룹의 소유구조, 2005-2013년', <경영사학> 29-4.
(2014) '한국재벌과 지주회사체제: GS그룹과 LS그룹의 비교', <질서경제저널> 17-4.
(2015) '재벌 오너 일가의 경영지배: GS그룹과 LS그룹의 사례', <전문경영인연구> 18-4.
(2015) '한진그룹 지주회사체제의 성립과정과 의의, 2009-2015년', <질서경제저널> 18-4.
(2015) '재벌오너 일가의 소유방정식: GS그룹과 LS그룹의 사례', <질서경제저널> 18-2.
(2016) '한진그룹 오너 조양호 일가의 소유지배에 관한 사적 고찰', <경영사학> 31-4.
(2018) '한국의 대규모기업집단, 1987-2016년', <경영사연구> 33-2.
(2019) '롯데그룹 지주회사체제의 성립 과정과 의의', <경영사연구> 34-1.
(2019) '두산그룹과 4세 경영: 승계 과정 및 의의', <경영사연구> 34-4.
(2019) 'LG그룹과 4세 경영', <전문경영인연구> 22-4.
(2020) '한국재벌과 소유·경영 승계: LG와 두산의 비교', <경영사연구> 35-1.
(2021) '롯데그룹의 소유구조', <경영사연구> 36-4.

주요 참고문헌 상세 내용

1. 대기업집단 주식 소유 현황, 2004-2021년

(공정거래위원회 홈페이지 자료;
　[2004-2011년] 소유지분도 작성 이전 연도, [2012-2021년] 소유지분도 작성 연도)

1.1 2004-2011년

1.1.1 2004년 (12월 28일)
(1) [보도자료] **대기업집단의 소유지분구조 공개**
　1) 개요
　2) 주요 특징: 개관, 친인척 지분 분포에 나타난 특징, 계열사 간 출자 메트릭스에서 나타난 특징
(2) [붙임 자료]
　1) 친족 계열사 내부지분율 공개
　2) 대기업집단 소속 금융보험사의 계열회사 출자 현황
　3) 총수가 있는 36개 상호출자총액제한기업집단 등의 순환출자 현황

1.1.2 2005년 (7월 13일)
(1) [보도자료] **2005년 대기업집단의 소유지배구조에 관한 정보 공개**
　1) 대기업집단의 소유지분구조 현황: 개관, 주요 특징 (총수 및 친인척 지분, 계열사 지분)
　2) 대기업집단의 소유지배괴리도/의결권승수 현황: 개관, 주요 특징
　3) 기대효과 및 향후 계획
(2) [붙임 자료]
　1) 기업집단별 소속회사에 대한 지분 보유 현황
　2) 기업집단별 소속회사에 대한 지분 보유 변동 현황
　3) 대기업집단 소속 금융보험사의 계열회사 출자 현황
　4) 상호출자제한기업집단의 순환출자 현황
　5) 기업집단별 기업공개 현황
　6) 기업집단별 소유지배괴리도/의결권승수 현황
　7) 기업집단별 소유지배괴리도/의결권승수 변동 현황

1.1.3 2006년 (7월 31일)
(1) [보도자료] **2006년 대규모기업집단 소유지배구조에 대한 정보 공개**
　1) 대규모기업집단 소유지분구조 현황: 개관, 총수일가의 계열회사 지분 보유 현황, 계열회사 간 출자 현황
　2) 대규모기업집단의 소유지배괴리 현황: 개관, 주요 특징
　3) 기대효과

4) 참고: 총수 없는 10개 상호출자제한기업집단의 소유지배구조
(2) [붙임 자료]
1) 기업집단별 소속회사에 대한 지분 보유 현황
2) 기업집단별 소속회사에 대한 지분 보유 변동 현황
3) 대기업집단 소속 금융·보험사의 계열회사 출자 현황
4) 상호출자제한기업집단의 주요 환상형 출자 현황
5) 기업집단별 기업공개 현황
6) 기업집단별 영위 업종 현황
7) 기업집단별 소유지배괴리도/의결권승수 현황
8) 기업집단별 소유지배괴리도/의결권승수 변동 현황

1.1.4 2007년 (9월 3일)

(1) [보도자료] 2007년 **대규모기업집단 소유지분구조에 대한 정보 공개**
1) 대규모기업집단의 소유지분구조 현황: 개관, 총수일가(총수+친족)의 지분 보유 현황, 계열회사 간
  출자 현황 (계열회사 출자 비중, 환상형 출자 현황, 금융·보험사의 계열회사 출자 현황), 기업공개
  현황과 상장·비상장사의 내부지분 분포
2) 대규모기업집단의 소유지배괴리 현황
3) 총수 없는 대규모기업집단 19개의 소유지분구조 현황
4) 기대효과
(2) [붙임 자료]
1) 기업집단별 소속회사에 대한 지분 보유 현황
2) 기업집단별 소속회사에 대한 지분 보유 변동 현황
3) 대규모기업집단 소속 금융·보험사의 계열회사 출자 현황
4) 상호출자제한기업집단의 주요 환상형 출자 현황
5) 기업집단별 기업공개 현황
6) 기업집단별 소유지배괴리도/의결권승수 현황
7) 기업집단별 소유지배괴리도/의결권승수 변동 현황

1.1.5 2008년 (11월 6일)

(1) [보도자료] 2008년 **대규모기업집단 소유지분구조에 대한 정보 공개**
(2) [붙임 자료]
1) 기업집단별 지분 보유 현황
2) 기업집단별 지분 보유 변동 현황
3) 기업집단 소속회사별 지분 보유 현황
4) 기업집단별 소속회사 간 지분 보유 현황
5) 대규모기업집단 소속 금융·보험사의 계열회사 출자 현황
6) 주요 환상형 출자 현황 (예시)
7) 기업집단별 소유지배괴리도/의결권승수 현황

1.1.6 2009년 (10월 23일)

(1) [보도자료] 2009년 **대기업집단 주식 소유 현황 등에 대한 정보 공개**
1) 현황: 내부지분율 현황, 계열사 간 출자 현황, 금융보험사의 계열회사 출자 현황, 기업공개 현황 및

상장·비상장사의 소유지분구조

   2) 변화 추이 및 특징

(2) [분석 자료] 2009년 대기업집단 주식 소유 현황 등 정보 공개

   1) 개요

   2) 내부지분율 현황: 동일인이 자연인인 31개 기업집단 (주요 특징, 지주회사 집단의 내부지분율 현황 및 특징), 동일인이 법인인 17개 기업집단 (주요 특징)

   3) 계열회사 간 출자 현황 (동일인이 자연인인 집단): 계열회사 출자 비중, 환상형 출자 현황, 금융보험사의 계열회사 출자 현황

   4) 기업공개 현황 및 상장·비상장사의 소유지분구조: 기업공개 현황, 상장·비상장사의 소유지분구조

   5) 소유지분구조 변화 추이

(3) [붙임 자료]

   1) 기업집단별 지분 보유 현황

   2) 기업집단별 지분 보유 변동 현황

   3) 기업집단 소속회사별 지분 보유 현황

   4) 기업집단별 소속회사 간 지분 보유 현황

   5) 대규모기업집단 소속 금융보험사의 계열회사 출자 현황

   6) 주요 환상형 출자 현황 (예시)

   7) 기업집단별 기업공개 현황

1.1.7 2010년 (10월 11일)

(1) [보도자료] **2010년 대기업집단 주식 소유 현황 등에 대한 정보 공개**

   1) 내부지분율 현황

   2) 계열회사 간 출자 현황

   3) 금융보험사의 계열회사 출자 현황

   4) 기업공개 현황 및 상장·비상장사의 소유지분구조

   5) 소유지분구조 변화 추이

(2) [분석 자료] 2010년 대기업집단 주식 소유 현황 등 정보 공개

   1) 개요

   2) 내부지분율 현황: 동일인이 자연인인 경우 35개 (개요, 총수일가 지분율 현황, 총수일가의 계열회사 지배 현황, 지주회사 집단의 내부지분율 현황 및 특징), 동일인이 법인인 경우 18개 (주요 특징)

   3) 계열회사 간 출자 현황 (동일인이 자연인인 집단): 개요, 금융보험사의 계열회사 출자 현황, 환상형 출자 현황

   4) 기업공개 현황 및 상장·비상장사의 소유지분구조: 기업공개 현황, 상장·비상장사의 소유지분구조

   5) 소유지분구조 변화 추이

(3) [붙임 자료]

   1) 기업집단별 지분 보유 현황

   2) 기업집단별 지분 보유 변동 현황

   3) 기업집단 소속회사별 지분 보유 현황

   4) 기업집단별 소속회사 간 지분 보유 현황

   5) 대규모기업집단 소속 금융보험사의 계열회사 출자 현황

   6) 주요 환상형 출자 현황 (예시)

   7) 기업집단별 기업공개 현황

1.1.8 2011년 (7월 28일)

(1) [보도자료] 2011년 대기업집단 주식 소유 현황 등에 대한 정보 공개

    1) 내부지분율 현황

    2) 계열회사 간 출자 현황

    3) 금융·보험사의 계열회사 출자 현황

    4) 기업공개 현황 및 상장·비상장사의 소유지분구조

    5) 소유지분구조 변화 추이

(2) [분석 자료] 2011년 대기업집단 주식 소유 현황 등 정보 공개

    1) 개요

    2) 내부지분율 현황: 동일인이 자연인인 경우 38개 (개요, 총수일가 지분율 현황, 총수일가의 계열회사 지배 현황, 지주회사 집단의 내부지분율 현황 및 특징), 동일인이 법인인 경우 17개

    3) 계열회사 간 출자 현황 (동일인이 자연인인 집단): 개요, 금융·보험사의 계열회사 출자 현황, 환상형 출자 현황

    4) 기업공개 현황 및 상장·비상장사의 소유지분구조: 기업공개 현황, 상장·비상장사의 소유지분구조

    5) 소유지분구조 변화 추이

(3) [붙임 자료]

    1) 기업집단별 지분 보유 현황

    2) 기업집단별 지분 보유 변동 현황

    3) 기업집단 소속회사별 지분 보유 현황

    4) 기업집단별 소속회사 간 지분 보유 현황

    5) 대규모기업집단 소속 금융·보험사의 계열회사 출자 현황

    6) 주요 환상형 출자 현황 (예시)

    7) 기업집단별 기업공개 현황

1.2 2012–2021년

1.2.1 2012년 (6월 29일)

(1) [보도자료] 2012년 대기업집단 주식 소유 현황 및 소유지분도에 대한 정보 공개

    1) 소유구조 현황: 내부지분율, 총수 있는 집단의 기업공개 및 기관·외국인 출자 현황

    2) 지분도에 나타난 소유구조의 특징

    3) 종합 평가 및 향후 계획

(2) [분석 자료] 2012년 대기업집단 주식 소유 현황 및 소유지분도 분석 결과

    1) 추진 배경

    2) 대기업집단 소유구조 현황: 분석 대상 및 내용

    3) 내부지분율 현황: 전체 상호출자제한기업집단 63개, 총수 있는 집단 43개 (개요, 총수일가 지분율 현황, 총수일가의 계열회사 지배 현황, 계열회사 간 출자 현황, 내부지분율 변화 추이, 지주회사 집단의 내부지분율 현황 및 특징), 동일인이 법인인 총수 없는 집단 20개

    4) 기업공개 및 기관·외국인 출자 현황: 기업공개 현황, 상장·비상장사의 소유지분구조, 기관 및 외국인 투자자의 출자 현황

    5) 지분도에 나타난 소유지분구조의 특징: 지분도 공개의 의의, 집단 유형별 소유지분구조상 특징, 환상형 순환출자 현황

(3) [붙임 자료]

    1) 기업집단별 지분 보유 현황

    2) 기업집단별 지분 보유 변동 현황

    3) 금융보험사의 계열회사 출자 현황

    4) 주요 환상형 출자 현황 (예시)

    5) 기업공개 현황

    6) 소유지분도*

    7) 기업집단 소유구조 현황

    8) 소속회사 간 지분 보유 현황

1.2.2 2013년 (5월 30일)

(1) [보도자료] **2013년 대기업집단 주식 소유 현황 정보 공개**

    1) 대기업집단 내부지분율 현황: 전체 대기업집단 62개, 총수 있는 대기업집단 43개, 총수 없는 대기업집단 19개

    2) 대기업집단 소유지분구조 특징: 집단유형별 소유지분구조상 특징, 순환출자 현황

    3) 기업공개 및 상장·비상장사의 소유지분구조: 기업공개 현황, 상장·비상장사의 소유지분구조

    4) 종합 평가 및 향후 계획

(2) [분석 자료] 2013년 대기업집단 주식 소유 현황 및 소유지분도 분석 결과

    1) 대기업집단 소유구조 현황: 분석 대상 및 내용

    2) 내부지분율 현황: 전체 상호출자제한기업집단 62개, 총수 있는 집단 43개 (개요, 총수일가 지분율 현황, 총수일가의 계열회사 지배 현황, 계열회사 간 출자 현황, 내부지분율 변화 추이, 기업집단 규모별 소유지분구조 비교, 지주회사 집단의 내부지분율 현황 및 특징), 총수 없는 집단 19개

    3) 대기업집단 소유지분구조의 특징: 집단 유형별 소유지분구조상 특징, 순환출자 현황, 금융·보험사의 소유구조상 역할

    4) 기업공개 및 상장·비상장사의 소유지분구조: 기업공개 현황, 상장·비상장사의 소유지분구조

    5) 종합 평가 및 향후 계획

(3) [붙임 자료]

    1) 기업집단별 지분 보유 현황

    2) 기업집단별 지분 보유 변동 현황

    3) 금융보험사의 계열회사 출자 현황

    4) 주요 순환출자 현황 (예시)

    5) 기업공개 현황

    6) 기업집단별 소유지분도*

    7) 기업집단 소유구조 현황

    8) 소속회사 간 지분 보유 현황

1.2.3 2014년 (7월 10일)

(1) [보도자료] **2014년 대기업집단 주식 소유 현황 공개**

    1) 내부지분율 현황: 전체 대기업집단 63개, 총수 있는 집단 40개, 총수 없는 집단 23개

    2) 대기업집단 소유지분구조의 특징: 총수 있는 집단의 특징, 지주회사 집단의 특징, 금융회사를 보유한 기업집단

    3) 기업공개 및 상장·비상장사의 소유지분구조: 기업공개 현황, 상장·비상장사의 소유지분구조

(2) [분석 자료] 2014년 대기업집단 주식 소유 현황 및 소유지분도

  1) 분석 대상 및 내용

  2) 내부지분율 현황: 전체 대기업집단 63개, 총수 있는 집단 40개 (현황, 변화 추이, 기업집단 규모별 내부지분율 비교), 총수 없는 집단 23개

  3) 대기업집단 소유지분구조의 특징: 집단 유형별 특징, 지주회사 집단의 특징, 금융회사를 보유한 기업집단의 특징 (대기업집단의 금융보험사 보유 현황, 금융회사 보유 집단 소속 금융보험사의 계열회사 출자 현황, 금융회사 보유 집단의 출자구조)

  4) 기업공개 및 상장·비상장사의 소유지분구조: 기업공개 현황, 상장·비상장사의 소유지분구조

  5) 별첨: 총수일가 지분율 현황 및 변동 내역, 총수일가의 계열회사 지배 현황, 계열회사 간 출자 현황 및 변동 내역

(3) [붙임 자료]

  1) 금융회사 보유 집단 현황

  2) 기업집단별 지분 보유 현황

  3) 기업집단별 지분 보유 변동 현황

  4) 금융보험사의 계열회사 출자 현황

  5) 기업공개 현황

  6) 소유지분도*

  7) 기업집단 소유구조 현황

  8) 소속회사 간 지분 보유 현황

1.2.4 2015년 (6월 30일)

(1) [보도자료] **2015년 대기업집단 주식 소유 현황 공개**

  1) 내부지분율 현황: 전체 대기업집단 61개, 총수 있는 집단 41개, 총수 없는 집단 20개

  2) 순환출자 현황: 현황, 변동 내역

  3) 소유지분구조의 특징: 총수 있는 집단 41개의 특징, 금산 복합 집단 30개의 특징, 지주회사 집단 16개의 특징

  4) 기업공개 및 상장·비상장사의 소유지분구조: 기업공개 현황, 상장·비상장사의 소유지분구조

(2) [분석 자료] 2015년 대기업집단 주식 소유 현황 보고서

  1) 분석 대상 및 내용

  2) 내부지분율 현황: 전체 대기업집단 61개 (현황, 변화 추이), 총수 있는 집단 41개 (현황, 변화 추이, 주요 동일인 관련자 출자 현황), 총수 없는 집단 20개

  3) 대기업집단 소유지분구조의 특징: 집단 유형별 특징, 순환출자 집단의 특징 (순환출자 현황, 순환출자 변동 내역, 순환출자 집단의 특징), 금산 복합 집단의 특징 (대기업집단의 금융보험사 보유 현황, 금융보험사의 계열회사 출자 현황, 금산 복합 집단의 출자구조), 지주회사 집단의 특징

  4) 기업공개 및 상장·비상장사의 소유지분구조: 기업공개 현황, 상장·비상장사의 소유지분구조

(3) [붙임 자료]

  1) 기업집단별 지분 보유 현황

  2) 기업집단별 지분 보유 변동 현황

  3) 기업집단 소유구조 현황

  4) 소속 회사 간 지분 보유 현황

  5) 기업집단별 소유지분도*

  6) 순환출자 현황 (1주 이상, 1% 이상)

7) 순환출자 변동 현황

8) 금융회사 보유 집단 현황

9) 금융회사의 계열회사 출자 현황

10) 기업공개 현황

1.2.5 2016년 (7월 7일)

(1) [보도자료] **공정위, 2016년 상호출자제한기업집단 주식 소유 현황 공개**

1) 내부지분율 현황: 전체 대기업집단 65개, 총수 있는 대기업집단 45개, 총수 없는 대기업집단 20개

2) 순환출자 현황: 현황, 변동 내역

3) 소유지분구조의 특징: 총수 있는 대기업집단 45개의 특징, 금산 복합 대기업집단 32개의 특징, 지주회사 대기업집단 19개의 특징

4) 기업공개 및 상장·비상장사의 소유지분구조: 기업공개 현황, 상장·비상장사의 소유지분구조

(2) [분석 자료] 2016년 대기업집단 주식 소유 현황 보고서

1) 분석 대상 및 내용

2) 내부지분율 현황: 전체 대기업집단 65개 (현황, 변화 추이), 총수 있는 집단 45개 (현황, 변화 추이, 주요 동일인 관련자 출자 현황), 총수 없는 집단 20개

3) 대기업집단 소유지분구조의 특징: 집단 유형별 특징, 순환출자 집단의 특징 (순환출자 현황, 순환출자 변동 내역), 금산 복합 집단의 특징 (대기업집단의 금융보험사 보유 현황, 금융보험사의 계열회사 출자 현황, 금산 복합 집단의 출자구조), 지주회사 집단의 특징

4) 기업공개 및 상장·비상장사의 소유지분구조: 기업공개 현황, 상장·비상장사의 소유지분구조

(3) [붙임 자료]

1) 기업집단별 지분 보유 현황

2) 기업집단별 지분 보유 변동 현황

3) 기업집단 소유구조 현황

4) 소속 회사 간 지분 보유 현황

5) **기업집단별 소유지분도***

6) 순환출자 현황 (1주 이상, 1% 이상)

7) 금융회사 보유 집단 현황

8) 금융회사의 계열회사 출자 현황

9) 기업공개 현황

1.2.6 2017년 (11월 30일)

(1) [보도자료] **공정위, 2017년 공시대상기업집단 주식 소유 현황 공개**

1) 내부지분율 현황: 전체 공시대상기업집단 57개, 총수 있는 기업집단 49개, 총수 없는 집단 8개

2) 순환출자 현황: 현황, 변동 내역

3) 기업집단 유형별 소유지분구조의 특징: 총수 있는 집단 49개의 특징, 금산 복합 집단 33개의 특징, 지주회사 집단 21개의 특징

4) 기업공개 여부에 따른 소유지분구조: 기업공개 현황, 상장·비상장사의 소유지분구조

5) 종합 평가 및 정책 방향

(2) [분석 자료] 2017년 공시대상기업집단 주식 소유 현황 보고서

1) 분석 대상 및 내용: 분석 대상, 분석 내용

2) 내부지분율 현황: 전체 공시대상기업집단 57개, 총수 있는 집단 49개 (현황, 변화 추이, 주요 동일인

관련자 출자 현황), 총수 없는 집단 8개

   3) 기업집단 유형별 소유지분구조의 특징: 총수 있는 집단의 특징, 순환출자 집단의 특징 (순환출자 현황, 순환출자 변동 내역), 금산 복합 집단의 특징 (공시대상기업집단의 금융·보험사 보유 현황, 금융·보험사의 계열회사 출자 현황, 금산 복합 집단의 출자구조), 지주회사 집단의 특징

   4) 기업공개 및 상장·비상장사의 소유지분구조: 기업공개 현황, 상장·비상장사의 소유지분구조

(3) [붙임 자료]

   1) 기업집단별 지분 보유 현황 및 변동 현황

   2) 기업집단 소유구조 현황

   3) 소속 회사 간 지분 보유 현황

   4) 기업집단별 소유지분도*

   5) 총수일가 사익 편취 규제 대상 회사 현황

   6) 해외 계열회사의 국내 계열회사 출자 현황

   7) 순환출자 현황 (1주 이상, 1% 이상)

   8) 금융회사 보유 집단 현황 및 금융회사의 계열회사 출자 현황

   9) 기업공개 현황

1.2.7 2018년 (8월 27일)

(1) [보도자료] **2018년 공시대상기업집단 주식 소유 현황**

   1) 내부지분율 현황: 전체 공시대상기업집단 60개, 총수 있는 기업집단 52개, 총수 없는 기업집단 8개

   2) 출자구조의 특징: 총수일가 출자 내역, 계열회사 출자 내역 (종합 현황, 순환출자 현황, 금융·보험사 출자 현황, 해외계열사 출자 현황)

   3) 사익 편취 규제 대상 회사 및 사각지대 회사 현황: 사익 편취 규제 대상 회사 현황, 사익 편취 규제 사각지대 회사 현황

   4) 종합 평가 및 정책 방향

(2) [분석 자료] 2018년 공시대상기업집단 주식 소유 현황 보고서

   1) 분석 대상 및 내용: 분석 대상, 분석 내용

   2) 내부지분율 현황: 전체 공시대상기업집단 60개, 총수 있는 집단 52개 (현황, 변화 추이), 총수 없는 집단 8개

   3) 내부지분율 세부 내역: 총수일가의 출자 현황 (총수일가 전체 출자 현황, 동일인 출자 현황, 총수 2세 출자 현황, 기타 친족 출자 현황), 계열회사의 출자 내역 (계열회사 출자 현황, 순환출자 현황, 금융·보험사의 출자 현황, 해외계열사의 출자 현황), 자기주식 보유 현황

   4) 기업공개 및 상장·비상장사의 소유지분구조: 기업공개 현황, 상장·비상장사의 소유지분구조

   5) 사익 편취 규제 대상 회사 및 사각지대 회사 현황: 사익 편취 규제 대상 회사 내역, 사익 편취 규제 사각지대 회사 현황

(3) [붙임 자료]

   1) 기업집단별 지분 보유 현황 및 변동 현황

   2) 기업집단 소유구조 현황

   3) 소속 회사 간 지분 보유 현황

   4) 기업집단별 소유지분도*

   5) 총수일가 사익 편취 규제 대상 회사 및 사익 편취 규제 사각지대 회사 현황

   6) 해외 계열회사의 국내 계열회사 출자 현황

   7) 순환출자 현황 (1주 이상, 1% 이상)

8) 금융회사 보유 집단 현황 및 금융회사의 계열회사 출자 현황

9) 기업공개 현황

10) 공익법인 출자 현황

11) 총수 2세 지분 보유 현황

1.2.8 2019년 (9월 5일)

(1) [보도자료] 2019년 공시대상기업집단 주식 소유 현황

    1) 내부지분율 현황: 전체 공시대상기업집단 59개, 총수 있는 기업집단 51개, 총수 없는 기업집단 8개

    2) 내부지분율 세부 내역: 총수일가 출자 내역, 계열회사 출자 내역 (순환출자 현황, 금융보험사 출자 현황, 해외계열사 출자 현황), 비영리법인(공익법인) 출자 내역

    3) 사익 편취 규제 대상 회사 및 사각지대 회사 현황: 사익 편취 규제 대상 회사 현황, 사익 편취 규제 사각지대 회사 현황

    4) 기업공개 여부에 따른 소유지분구조: 기업공개 현황, 상장·비상장사의 소유지분구조

    5) 종합 평가 및 정책 방향

(2) [분석 자료] 2019년 공시대상기업집단 주식 소유 현황

    1) 분석 대상 및 내용: 분석 대상, 분석 내용

    2) 내부지분율 현황: 전체 공시대상기업집단 59개, 총수 있는 집단 51개 (현황, 변화 추이), 총수 없는 집단 8개

    3) 내부지분율 세부 내역: 총수일가의 출자 현황 (총수일가 전체, 동일인 출자 현황, 총수일가 출자 현황, 기타 친족 출자 현황), 계열회사의 출자 내역 (계열회사 출자 현황, 순환출자 현황, 금융보험사의 출자 현황, 해외계열사의 출자 현황, 자기주식 보유 현황), 비영리법인(공익법인) 출자 현황 (비영리법인 출자 현황, 공익법인 출자 현황)

    4) 사익 편취 규제 대상 회사 및 사각지대 회사 현황: 사익 편취 규제 대상 회사 현황, 사익 편취 규제 사각지대 회사 현황

    5) 기업공개 및 상장·비상장사의 소유지분구조: 기업공개 현황, 상장·비상장사의 소유지분구조

(3) [붙임 자료]

    1) 기업집단별 지분 보유 현황 및 변동 현황

    2) 기업집단별 소유지분도*

    3) 총수일가 사익 편취 규제 대상 회사 및 사익 편취 규제 사각지대 회사 현황

    4) 해외 계열회사의 국내 계열회사 출자 현황

    5) 순환출자 현황 (1주 이상, 1% 이상)

    6) 금융회사 보유 집단 현황 및 금융회사의 계열회사 출자 현황

    7) 기업공개 현황

    8) 공익법인 출자 현황

    9) 총수 2세 지분 보유 현황

1.2.9 2020년 (8월 31일)

(1) [보도자료] 2020년 공시대상기업집단 주식 소유 현황 분석·공개

    1) 전체 기업집단의 내부지분율 현황: 전체 공시대상기업집단 64개, 총수 있는 집단 55개, 총수 없는 집단 9개

    2) 내부지분율 세부 내역: 총수일가의 출자 현황, 국내외 계열회사 및 비영리법인의 출자 현황, 자기주식 보유 현황, 금융·보험사의 출자 현황, 상장·비상장사의 내부지분율 현황

3) 사익 편취 규제 대상 회사 및 사각지대 회사 현황: 사익 편취 규제 대상 회사 현황, 사익 편취 규제 사각지대 회사 현황
4) 순환출자 및 상호출자 현황: 순환출자 현황, 상호출자 현황
5) 종합 평가 및 정책 방향
(2) [분석 자료] 2020년 공시대상기업집단 주식 소유 현황
  1) 분석 대상 및 내용: 분석 대상, 분석 내용
  2) 내부지분율 현황: 전체 공시대상기업집단 64개, 총수 있는 집단 55개 (현황, 변화 추이), 총수 없는 집단 9개
  3) 내부지분율 세부 내역: 총수일가의 출자 현황 (총수일가 전체, 총수 출자 현황, 총수 2세 출자 현황, 기타 친족 출자 현황), 국내외 계열회사 및 비영리법인의 출자 현황 (계열회사의 출자 현황, 해외 계열사의 출자 현황, 비영리법인(공익법인)의 출자 현황), 자기주식 보유 현황, 금융·보험사의 출자 현황 (공시대상기업집단의 금융·보험사 보유 현황, 전체 계열회사에 대한 출자 현황, 비금융·계열회사에 대한 출자 현황, 금산 복합 집단의 출자구조), 상장·비상장사의 내부지분율 현황 (기업공개 현황, 상장·비상장사의 내부지분율 세부 내역)
  4) 사익 편취 규제 대상 회사 및 사각지대 회사 현황: 사익 편취 규제 대상 회사 현황, 사익 편취 규제 사각지대 회사 현황
  5) 순환출자 및 상호출자 현황: 순환출자 현황, 상호출자 현황
(3) [붙임 자료]
  1) 집단별·소속회사별 내부지분율 현황
  2) 기업집단별 소유지분도*
  3) 사익 편취 규제 대상 회사 및 사익 편취 규제 사각지대 회사 현황
  4) 해외 계열회사의 국내 계열회사 출자 현황
  5) 순환출자 현황
  6) 금융·보험사 출자 현황
  7) 기업공개 현황
  8) 공익법인 출자 현황

1.2.10 2021년 (9월 1일)
(1) [보도자료] **2021년 공시대상기업집단 주식 소유 현황 분석·공개**
  1) 전체 기업집단의 내부지분율 현황: 전체 공시대상기업집단 71개, 총수 있는 집단 60개, 총수 없는 집단 11개
  2) 내부지분율 세부 내역: 총수일가의 출자 현황, 국내외 계열회사 및 비영리법인의 출자 현황, 자기주식 보유 현황, 금융·보험사의 출자 현황, 상장·비상장사의 내부지분율 현황, 계열회사 간 합병 사례 현황
  3) 사익 편취 규제 대상 회사 및 사각지대 회사 현황: 사익 편취 규제 대상 회사 현황, 사익 편취 규제 사각지대 회사 현황
  4) 순환출자 및 상호출자 현황: 순환출자 현황, 상호출자 현황
  5) 종합 평가 및 정책 방향
(2) [분석 자료] 2021년 공시대상기업집단 주식 소유 현황
  1) 분석 대상 및 내용: 분석 대상, 분석 내용
  2) 내부지분율 현황: 전체 공시대상기업집단 71개, 총수 있는 집단 60개 (현황, 변화 추이), 총수 없는 집단 11개

3) 내부지분율 세부 내역: 총수일가의 출자 현황 (총수일가 전체, 총수 출자 현황, 총수 2세 출자 현황, 기타 친족 출자 현황), 국내외 계열회사 및 비영리법인의 출자 현황 (계열회사의 출자 현황, 해외 계열사의 출자 현황, 비영리법인(공익법인)의 출자 현황), 자기주식 보유 현황, 금융·보험사의 출자 현황 (공시대상기업집단의 금융·보험사 보유 현황, 전체 계열회사에 대한 출자 현황, 비금융계열회사에 대한 출자 현황, 금산 복합 집단의 출자구조), 상장·비상장사의 내부지분율 현황 (기업 공개 현황, 상장·비상장사의 내부지분율 세부 내역), 상장사 또는 비상장사를 포함한 계열회사 간 합병 사례

4) 사익 편취 규제 대상 회사 및 사각지대 회사 현황: 사익 편취 규제 대상 회사 현황, 사익 편취 규제 사각지대 회사 현황

5) 순환출자 및 상호출자 현황: 순환출자 현황, 상호출자 현황

(3) [붙임 자료]

1) 집단별·소속회사별 내부지분율 현황

2) **기업집단별 소유지분도***

3) 사익 편취 규제 대상 회사 및 사익 편취 규제 사각지대 회사 현황

4) 해외 계열회사의 국내 계열회사 출자 현황

5) 순환출자 현황

6) 금융·보험사 출자 현황

7) 기업공개 현황

8) 공익법인 출자 현황

2. 지주회사, 2000-2021년

(공정거래위원회 홈페이지 자료;
[2000-2011년] 소유지분도 작성 이전 연도, [2012-2021년] 소유지분도 작성 연도)

2.1 2000-2011년

2.1.1 2000년 (3월 10일, 5월 31일)
[보도자료] **지주회사 설립 동향**

1) 개요

2) 씨앤앰커뮤니케이션(주), SK엔론(주), 동양금융·지주회사(가칭)

[보도자료] **지주회사 설립 동향**

1) SK엔론(주), (유)케이아이지홀딩스

2) 참고: 지주회사의 재무 상황, 지주회사의 행위제한 의무

2.1.2 2001년 (5월 11일, 8월 7일)
[보도자료] **지주회사 전환·설립 신고 현황**

1) 신고 회사 및 현황

2) 평가와 전망

3) 별첨: 지주회사 현황

[보도자료] **지주회사 설립·전환 신고 동향**
1) 지주회사 2001년 5-7월 중 7개사 증가, 총 20개사
2) 별첨: 지주회사 현황

2.1.3 2003년 (8월 15일)
[보도자료] **2003년 지주회사 현황**
1) 개요
2) 별첨: 지주회사 설립·전환 신고 현황 (19개사)
    지주회사의 자회사·손자회사 현황
    지주회사·자회사의 비계열사 주식 소유 현황
    일반지주회사그룹의 자산 현황

2.1.4 2004년 (7월 1일)
[보도자료] **2004년 지주회사 현황**
1) 개요
2) 붙임: 2004년 지주회사 설립·전환 현황
    지주회사 그룹의 자산 현황
    지주회사의 자회사 및 손자회사 현황: 일반지주회사, 금융지주회사
    지주회사의 비계열회사 주식 소유 현황: 일반지주회사, 금융지주회사

2.1.5 2005년 (9월 30일)
[보도자료] **2005년 8월 말 현재 지주회사 현황**
1) 지주회사 신고 현황
2) 일반지주회사 현황 (22개사)
3) 금융지주회사 일반 현황 (3개사)
4) 평가
5) 첨부: 2005년 지주회사 현황
    자회사 및 사업 관련 손자회사 현황: 일반지주회사, 금융지주회사

2.1.6 2006년 (11월 1일)
[보도자료] **2006년 공정거래법상 지주회사 현황 분석**
1) 일반지주회사 현황
2) 금융지주회사 현황
3) 평가
4) 별첨: 지주회사 설립/전환 현황
    공정거래법상 지주회사의 자회사·손자회사 현황

2.1.7 2007년 (10월 4일)
[보도자료] **2007년 공정거래법상 지주회사 현황 분석**
1) 지주회사 변동 현황
2) 지주회사 주요 현황: 일반지주회사 현황, 금융지주회사 현황
3) 평가

4) 별첨: 지주회사 현황

　공정거래법상 지주회사의 자회사·손자회사 현황: 일반지주회사, 금융지주회사

2.1.8 2008년 (10월 30일)

(1) [보도자료] **2008년 공정거래법상 지주회사 현황 분석 결과 발표**

(2) [분석 자료] 2008년 공정거래법상 지주회사 현황

　1) 지주회사 변동 현황: 신규 설립 및 전환, 지주회사 제외

　2) 지주회사 주요 현황: 일반지주회사 현황 (일반 현황, 자회사 등 현황, 재무 현황, 지분율 현황), 금융
　　지주회사 현황

　3) 평가

　4) 별첨: 공정거래법상 일반지주회사 현황

　　　자회사, 손자회사, 증손회사 상세 현황: 일반지주회사, 금융지주회사

2.1.9 2009년 (10월 28일)

(1) [보도자료] **2009년 공정거래법상 지주회사 현황 분석 결과**

　1) 현황

　2) 평가 및 향후 계획

(2) [분석 자료] 2009년 공정거래법상 지주회사 현황

　1) 지주회사 변동 현황: 신규 설립 및 전환, 지주회사 제외

　2) 2009년 지주회사 현황 및 특징: 일반지주회사 현황 (일반 현황, 재무 현황, 금융사 보유 현황, 자회
　　사 등 현황, 지분율 현황), 금융지주회사 현황

　3) 평가 및 향후 계획

　4) 별첨: 공정거래법상 일반, 금융지주회사 현황

　　　자회사, 손자회사, 증손회사 상세 현황: 일반지주회사, 금융지주회사

2.1.10 2010년 (11월 8일)

(1) [보도자료] **지주회사 증가 추세 계속**

　1) 현황

　2) 평가 및 향후 계획

(2) [분석 자료] 2010년 공정거래법상 지주회사 현황

　1) 지주회사 변동 현황: 신규 설립 및 전환, 지주회사 제외

　2) 2010년 일반지주회사 현황 및 특징: 일반 현황, 재무 현황, 금융사 보유 현황, 지분율 현황, 자회사
　　등 현황, 유예기간 현황

　3) 2010년 금융지주회사 현황 및 특징: 일반 현황, 재무 현황, 자회사 등 현황, 지분율 현황

　4) 평가 및 향후 계획

　5) 별첨: 공정거래법상 일반, 금융지주회사 현황

　　　자회사, 손자회사, 증손회사 상세 현황: 일반지주회사, 금융지주회사

2.1.11 2011년 (10월 27일)

(1) [보도자료] **2011년 공정거래법상 지주회사 현황 분석 결과 발표**

　1) 현황: 개요, 재무 현황, 지분율 등, 기타

　2) 평가 및 향후 계획

(2) [분석 자료] 2011년 공정거래법상 지주회사 현황

   1) 지주회사 변동 현황: 신규 설립 및 전환, 지주회사 제외

   2) 일반지주회사 현황 및 특징: 일반 현황, 재무 현황, 금융사 보유 현황, 지분율 현황, 동일인 및 동일인 일가 지분율, 자회사 등 현황, 계열사의 지주회사 내 편입율, 유예기간

   3) 금융지주회사 현황 및 특징: 일반 현황, 재무 현황, 지분율 현황, 자회사 등 현황

   4) 별첨: 공정거래법상 일반, 금융지주회사 현황

       자회사, 손자회사, 증손회사 상세 현황: 일반지주회사, 금융지주회사

2.2 2012–2021년

2.2.1 2012년 (10월 25일)

[보도자료] **2012년 공정거래법상 지주회사 현황 분석 결과 발표**

   1) 일반 현황: 지주회사 변동 현황, 재무 현황, 동일인 지분율

   2) 계열회사 현황: 자·손자회사 현황, 지주회사체제 밖 계열회사 현황 (대기업집단만 분석)

   3) 기타 현황; 내부거래 현황, 순환출자 등 출자구조

   4) 종합 평가 및 시사점

   5) 참고

      ① 지주회사 전환 대기업집단 15개의 지주회사 및 계열회사 현황

      ② 대기업집단 소속 지주회사 현황: 대기업집단 소속 지주회사 목록, 연도별 지주회사 전환 대기업집단 현황

      ③ 지주회사 변동 현황: 신규 지주회사의 설립·전환 내역 (22개사), 지주회사 제외 내역 (12개사), 중간지주회사 현황 (10개사)

      ④ 지분율 현황: 자·손자회사 지분율 증감 추이, 동일인 및 동일인 일가 지분율 (지주회사 전환 대기업집단 14개, 농협 제외)

   6) 첨부: 공정거래법상 일반, 금융지주회사 현황

       자회사, 손자회사, 증손회사 상세 현황: 일반지주회사, 금융지주회사

2.2.2 2013년 (11월 6일)

(1) [보도자료] **2013년 공정거래법상 지주회사 현황 분석 결과 발표**

   1) 지주회사 변동 현황

   2) 재무 현황

   3) 계열회사 현황

   4) 소유구조 및 출자구조 현황

   5) 지주회사 전환 대기업집단의 내부거래 현황

   6) 종합 평가 및 시사점

(2) [분석 자료] 2013년 공정거래법상 지주회사 현황 분석 결과

   1) 일반 현황: 지주회사 변동 현황, 지주비율 현황

   2) 재무 현황: 자산총액, 부채비율

   3) 계열회사 현황: 자·손자회사 수, 자·손자회사 지분율, 계열사의 지주회사 내 편입율 (지주회사 전환 대기업집단만 분석), 금융사 보유 현황

   4) 소유구조 및 출자구조: 지주회사의 소유구조, 순환출자 등 출자구조

5) 내부거래 현황: 집단별 내부거래 현황, 지주회사체제 내/밖 회사의 내부거래 현황
6) 종합 평가 및 시사점
7) 참고
   ① 지주회사 전환 대기업집단 16개의 지주회사 등 현황
   ② 대기업집단 소속 지주회사 현황: 대기업집단 소속 지주회사 목록, 연도별 지주회사 전환 대기업집단 현황, 지주회사 전환 대기업집단의 체제 밖 금융사 현황
   ③ 지주회사 변동 현황: 신규 지주회사의 설립·전환 내역 (21개사), 지주회사 제외 내역 (9개사), 중간지주회사 현황 (10개사)
8) 별첨: 공정거래법상 일반, 금융지주회사 현황
   자회사, 손자회사, 증손회사 상세 현황: 일반지주회사, 금융지주회사

2.2.3 2014년 (10월 29일)

(1) [보도자료] **2014년 공정거래법상 지주회사 현황 분석 결과 발표**
   1) 지주회사 변동 현황
   2) 재무 현황
   3) 계열회사 현황
   4) 소유구조 및 출자구조 현황
   5) 내부거래 현황 (지주회사 전환 대기업집단만 분석, 농협 제외)
   6) 종합 평가 및 정책 방향
(2) [분석 자료] 2014년 공정거래법상 지주회사 현황 분석 결과
   1) 일반 현황: 지주회사 변동 현황, 지주비율 현황
   2) 재무 현황: 자산총액, 부채비율
   3) 계열회사 현황: 자·손자회사 수, 자·손자회사 지분율, 계열회사의 지주회사 편입율 (지주회사 전환 대기업집단만 분석), 금융사 보유 현황
   4) 소유구조 및 출자구조 현황: 지주회사의 소유구조, 출자구조
   5) 내부거래 현황 (지주회사 전환 대기업집단만 분석, 농협 제외): 집단별 내부거래 현황, 지주회사체제 내/밖 회사의 내부거래 현황
   6) 종합 평가 및 정책 방향
   7) 참고
      ① 지주회사 전환 대기업집단 15개의 지주회사 등 현황
      ② 대기업집단 소속 지주회사 현황: 대기업집단 소속 지주회사 목록, 연도별 지주회사 전환 대기업집단 현황, 지주회사 전환 대기업집단의 체제 밖 금융사 현황
      ③ 지주회사 변동 현황: 신규 지주회사의 설립·전환 내역 (19개사), 지주회사 제외 내역 (14개사), 중간지주회사 현황 (9개사)
   8) 별첨: 공정거래법상 일반, 금융지주회사 현황
      자회사, 손자회사, 증손회사 상세 현황

2.2.4 2015년 (10월 29일)

(1) [보도자료] **2015년 공정거래법상 지주회사 현황 분석 결과 발표**
   1) 지주회사 변동 현황
   2) 재무 현황
   3) 계열회사 현황

4) 소유구조 및 출자구조 현황 (동일인이 자연인인 일반지주회사 107개 기준)

5) 내부거래 현황 (지주회사 전환 대기업집단만 분석, 농협 제외)

6) 종합 평가 · 정책 방향

(2) [분석 자료] 2015년 공정거래법상 지주회사 현황 분석 결과

1) 일반 현황: 지주회사 변동 현황, 지주비율 현황

2) 재무 현황: 자산총액, 부채비율

3) 계열회사 현황: 자·손자·증손회사 수, 자·손자회사 지분율, 계열회사의 지주회사 편입율 (지주회사 전환 대기업집단만 분석), 금융사 보유 현황

4) 소유구조 및 출자구조 현황: 지주회사의 소유구조, 출자구조

5) 내부거래 현황: 집단별 내부거래 현황, 지주회사체제 내/밖 회사의 내부거래 현황

6) 종합 평가 및 정책 방향

7) 참고

① 지주회사 전환 대기업집단 15개의 지주회사 등 현황

② 대기업집단 소속 지주회사 현황: 대기업집단 소속 지주회사 목록, 연도별 지주회사 전환 대기업집단 현황, 일반지주회사 전환 대기업집단의 체제 밖 금융사 현황

③ 지주회사 변동 현황: 신규 지주회사의 설립·전환 내역 (22개사), 지주회사 제외 내역 (14개사), 중간지주회사 현황 (10개사)

8) 별첨: 공정거래법상 일반, 금융지주회사 현황
　　　　자회사, 손자회사, 증손회사 상세 현황

2.2.5 2016년 (11월 2일)

(1) [보도자료] **공정위, 2016년 공정거래법상 지주회사 현황 분석 결과 발표**

1) 지주회사 변동 현황

2) 재무 현황

3) 계열회사 현황

4) 소유구조 및 출자구조 현황 (동일인이 자연인인 123개 일반지주회사 기준)

5) 내부거래 현황 (농협을 제외한 지주회사 전환 대기업집단 분석)

6) 종합 평가 및 정책 방향

(2) [분석 자료] 2016년 공정거래법상 지주회사 현황 분석 결과

1) 일반 현황: 지주회사 변동 현황, 지주비율 현황

2) 재무 현황: 자산총액, 부채비율

3) 계열회사 현황: 자·손자·증손회사 수, 자·손자회사 지분율, 계열회사의 지주회사 편입율 (지주회사 전환 대기업집단만 분석), 금융사 보유 현황

4) 소유구조 및 출자구조 현황: 지주회사의 소유구조, 출자구조

5) 내부거래 현황

6) 종합 평가 및 정책 방향

7) 참고

① 지주회사 전환 대기업집단 8개의 지주회사 등 현황

② 대기업집단 소속 지주회사 현황: 대기업집단 소속 지주회사 목록, 연도별 지주회사 전환 대기업집단 현황, 일반지주회사 전환 대기업집단의 체제 밖 금융보험사 현황

③ 지주회사 변동 현황: 신규 지주회사의 설립·전환 내역 (36개사), 지주회사 제외 내역 (14개사), 중간지주회사 현황 (14개사)

8) 별첨: 공정거래법상 일반, 금융지주회사 현황

자회사, 손자회사, 증손회사 상세 현황

2.2.6 2017년 (11월 2일)

(1) [보도자료] **공정위, 2017년 공정거래법상 지주회사 현황 분석 결과 발표**

1) 지주회사 변동 현황
2) 재무 현황
3) 계열회사 현황
4) 소유구조 및 출자구조 현황
5) 내부거래 현황
6) 종합 평가 및 정책 방향

(2) [분석 자료] 2017년 공정거래법상 지주회사 현황 분석 결과

1) 일반 현황: 지주회사 변동 현황, 지주비율 현황
2) 재무 현황: 자산총액, 부채비율, 당기순이익
3) 계열회사 현황: 자·손자·증손회사 수, 자·손자회사 지분율, 계열회사의 지주회사 편입율 (지주회사 전환 대기업집단만 분석), 금융사 보유 현황
4) 소유구조 및 출자구조 현황: 지주회사의 소유구조, 출자구조
5) 내부거래 현황
6) 종합 평가 및 정책 방향
7) 참고
   ① 지주회사 전환 대기업집단 22개의 지주회사 등 현황
   ② 대기업집단 소속 지주회사 현황: 대기업집단 소속 지주회사 목록, 연도별 지주회사 전환 대기업집단 현황, 일반지주회사 전환 대기업집단의 체제 밖 금융보험사 현황
   ③ 지주회사 변동 현황: 신규 지주회사의 설립·전환 내역 (47개사), 지주회사 제외 내역 (16개사), 중간지주회사 현황 (17개사)
8) 별첨: 공정거래법상 일반, 금융지주회사 현황

자회사, 손자회사, 증손회사 상세 현황

2.2.7 2018년 (11월 13일)

(1) [보도자료] **2018년 공정거래법상 지주회사 현황 분석 결과 발표**

1) 지주회사 변동 현황
2) 지주회사 재무 현황
3) 소속 회사 현황
4) 전환 집단의 현황: 소유구조, 소유지배괴리도, 출자구조, 체제 밖 계열회사 등 현황, 내부거래 현황
5) 종합 평가 및 정책 방향

(2) [분석 자료] 2018년 공정거래법상 지주회사 현황 분석 결과

1) 일반 현황: 지주회사 변동 현황, 지주비율 현황
2) 재무 현황: 자산총액, 부채비율, 당기순이익
3) 소속 회사 현황: 자·손자·증손회사 수, 자·손자회사 지분율
4) 소유구조 및 출자구조 현황: 지주회사의 소유구조, 소유지배괴리도, 출자구조
5) 체제 밖 계열회사 현황: 계열회사의 지주회사 편입율, 체제 밖 계열회사, 금융사 보유 현황
6) 내부거래 현황

7) 종합 평가 및 정책 방향
8) 참고
   ① 지주회사 전환 대기업집단 22개의 지주회사 등 현황
   ② 대기업집단 소속 지주회사 현황: 대기업집단 소속 지주회사 목록, 연도별 지주회사 전환 대기업집단 현황, 일반지주회사 전환 대기업집단의 체제 밖 금융보험사 현황
   ③ 지주회사 변동 현황: 신규 지주회사의 설립·전환 내역 (10개사), 지주회사 제외 내역 (30개사), 중간지주회사 현황 (10개사)
9) 별첨: 공정거래법상 일반, 금융지주회사 현황
   자회사, 손자회사, 증손회사 상세 현황

2.2.8 2019년 (11월 11일)

(1) [보도자료] **2019년 공정거래법상 지주회사 현황 분석 결과 발표**
   1) 지주회사 변동 현황
   2) 지주회사 재무 현황
   3) 소속 회사 현황
   4) 전환 집단의 현황: 소유구조, 출자구조, 체제 밖 계열회사 등 현황, 내부거래 현황
   5) 종합 평가 및 정책 방향
(2) [분석 자료] 2019년 공정거래법상 지주회사 현황 분석 결과
   1) 일반 현황: 지주회사 변동 현황, 지주비율 현황
   2) 재무 현황: 자산총액, 부채비율
   3) 소속 회사 현황: 자·손자·증손회사 수, 자·손자회사 지분율
   4) 소유구조 및 출자구조 현황: 지주회사의 소유구조, 출자구조
   5) 체제 밖 계열회사 현황: 계열회사의 지주회사 편입율, 체제 밖 계열회사, 금융사 보유 현황
   6) 내부거래 현황
   7) 종합 평가 및 정책 방향
   8) 참고
      ① 지주회사 전환 대기업집단 23개의 지주회사 등 현황
      ② 대기업집단 소속 지주회사 현황: 대기업집단 소속 지주회사 목록, 연도별 지주회사 전환 대기업집단 현황, 일반지주회사 전환 대기업집단의 체제 밖 금융보험사 현황
      ③ 지주회사 변동 현황: 신규 지주회사의 설립·전환 내역 (15개사), 지주회사 제외 내역 (15개사), 중간지주회사 현황 (12개사)

2.2.9 2020년 (11월 18일)

(1) [보도자료] **2020년 공정거래법상 지주회사 현황 분석 결과 발표**
   1) 지주회사 변동 현황
   2) 지주회사 재무 현황
   3) 소속 회사 현황
   4) 전환 집단의 현황: 소유구조, 출자구조, 체제 밖 계열회사 등 현황, 내부거래 현황, 수익구조
   5) 종합 평가 및 정책 방향
(2) [분석 자료] 2020년 공정거래법상 지주회사 현황 분석 결과
   1) 일반 현황: 지주회사 변동 현황, 지주비율 현황
   2) 재무 현황: 자산총액, 부채비율

3) 소속 회사 현황: 자·손자·증손회사 수, 자·손자회사 지분율
4) 소유구조 및 출자구조 현황: 지주회사의 소유구조, 출자구조
5) 체제 밖 계열회사 현황: 계열회사의 지주회사 편입률, 체제 밖 계열회사, 금융사 보유 현황
6) 내부거래 현황: 내부거래 현황, 수익구조
7) 참고
   ① 전환 집단 24개의 지주회사 등 현황
   ② 대기업집단 소속 지주회사 현황: 대기업집단 소속 지주회사 목록, 연도별 지주회사 전환 대기업집단 현황, 일반지주회사 전환 대기업집단의 체제 밖 금융보험사 현황
   ③ 지주회사 변동 현황: 신규 지주회사의 설립·전환 내역 (6개사), 지주회사 제외 내역 (12개사), 중간지주회사 현황 (13개사)
   ④ 수익구조 분석 대상 지주회사: 전환 집단 지주회사 (22개사), 전환 집단 외 대기업집단 소속 지주회사 (6개사), 중견지주회사 (30개사)

2.2.10 2021년 (6월 10일)

(1) [보도자료] **2021년 공정거래법상 지주회사 현황 분석 결과 발표**
   1) 지주회사 변동 현황
   2) 지주회사 재무 현황
   3) 소속 회사 현황
   4) 전환 집단의 지주회사 운영 현황
   5) 종합 평가 및 정책 방향
(2) [분석 자료] 2021년 공정거래법상 지주회사 현황 분석 결과
   1) 일반 현황: 지주회사 변동 현황, 지주비율 현황
   2) 재무 현황: 자산총액, 부채비율, 지주회사체제 내 현금 및 현금성자산 규모
   3) 소속 회사 현황: 자회사·손자회사·증손회사 수, 자회사·손자회사 지분율
   4) 전환 집단의 지주회사 운영 현황: 계열회사의 지주회사 편입률, 체제 안 자산 비중, 체제 밖 금융사 보유 현황
   5) 참고
      ① 지주회사 전환 대기업집단 26개의 지주회사 등 현황
      ② 대기업집단 소속 지주회사 현황: 대기업집단 소속 지주회사 목록, 연도별 지주회사 전환 대기업집단 현황, 일반지주회사 전환 대기업집단의 체제 밖 금융보험사 현황
      ③ 지주회사 변동 현황: 신규 지주회사의 설립·전환 내역 (3개사), 지주회사 제외 내역 (6개사), 중간지주회사 현황 (13개사)

김동운

동의대학교 경제학과 교수
이메일: dongwoon@deu.ac.kr

한국경영사학회 부회장, 『경영사연구』 편집위원

『The Emergence of Corporate Governance: People, Power, and Performance』(공저, 2021)
『구광모와 박정원: 재벌 4세의 소유 경영 승계』(2020)
『한국재벌과 지주회사체제 20년, 2000-2019』(2020)
『한국의 대규모기업집단 30년, 1987-2016 1』(2019)
『한국의 대규모기업집단 30년, 1987-2016 2』(2019)
『한국재벌과 지주회사체제: 34개 재벌의 추세와 특징』(2017)
『한국재벌과 지주회사체제: 34개 재벌의 현황과 자료』(2016)
『한국재벌과 지주회사체제: GS와 LS』(2015)
『한국재벌과 지주회사체제: CJ와 두산』(2013)
『한국재벌과 지주회사체제: LG와 SK』(2011)
『대한민국기업사 2』(공저, 2010)
『Encyclopedia of Business in Today's World』(공저, 2009)
『한국재벌과 개인적 경영자본주의』(2008)
『대한민국기업사 1』(공저, 2008)
『재벌의 경영지배구조와 인맥 혼맥』(공저, 2005)
『A Study of British Business History』(2004)
『The Oxford Encyclopedia of Economic History』(공저, 2003)
『박승직상점, 1882-1951년』(2001)
『한국 5대 재벌 백서, 1995-1997』(공저, 1999)
『한국재벌개혁론』(공저, 1999)

대규모기업집단
소유지분도

10년
2012 · 2021

1

초판인쇄 2022년 8월 12일
초판발행 2022년 8월 12일

지은이 김동운
펴낸이 채종준
펴낸곳 한국학술정보㈜
주 소 경기도 파주시 회동길 230(문발동)
전 화 031) 908-3181(대표)
팩 스 031) 908-3189
홈페이지 http://ebook.kstudy.com
E-mail 출판사업부 publish@kstudy.com
등 록 제일산-115호(2000. 6. 19)

ISBN 979-11-6801-600-2 93330